CIEL MA BELLE-MÈRE !

CIEL MA BELLE-MÈRE !

D'après « LE MARIAGE DE BARILLON »
De GEORGES FEYDEAU et MAURICE DESVALLIÈRES

ADAPTATION EMMANUELLE HAMET et LUQ HAMETT
MISE EN SCÈNE LUQ HAMETT

Création au Théâtre Edgar

Le 1er Octobre 2019

Éditeur : BoD-Books on Demand
12-14 rond-point des Champs-Élysées, 75008 Paris
Impression : Books on Demand, Norderstedt, Allemagne
Pour faire la demande d'exploitation Théâtrale contacter la SACD

ISBN : 9782322182985

Dépôt légal : SEPTEMBRE 2019

LES PERSONNAGES

Par ordre d'entrée en scène

TOPEAU

Rôle créé par **LUQ HAMETT**

En alternance avec **ERIC MASSOT**

Employé de mairie, qui a le vin facile et la bougeotte. Ses gaffes le font changer de métier régulièrement.

PLANTUREL

Rôle créé par **SYLVAIN KATAN**

Un élu courageux… mais pas téméraire. En bon politique, il veut contenter tout le monde.

BARILLON

Rôle créé **par DAVID MARTIN**

Bourgeois conformiste et soupe au lait, sa vie est bouleversée quand il se retrouve marié à sa belle-mère par accident.

PATRICE SURCOUF

Rôle créé par **THOMAS VERNANT**

L'amoureux transit. Éperdu de Valentine, la future jeune mariée.

MADAME JAMBART

Rôle créé par **GWÉNOLA DE LUZE**

La belle-mère, collectionneuse de maris, qui ne compte pas s'arrêter là…

VALENTINE

Rôle créé par **NADÈGE LACROIX**

La fille de Madame Jambart qui devait épouser Barillon contre son gré et devient sa belle-fille.

JAMBART

Rôle créé par **JEAN-MARIE LHOMME**

Capitaine de chalutier, mort noyé au large de Terre-Neuve. Il revient chez sa veuve (madame Jambart) accompagné de son phoque.

UN PHOQUE

Compagnon d'infortune de Jambart.

Acte 1

*Le rideau s'ouvre sur une salle des mariages dans une mairie. Un
buste de Marianne, un pupitre pour le registre sur lequel pend une
écharpe tricolore et devant, dos au public, les deux chaises des
mariés. Une chaise à cour et à jardin.*

SCÈNE 1

TOPEAU, PLANTUREL

TOPEAU

(chantant, un balai à la main, il apporte les chaises des futurs mariés)

Si tous les canons du monde s'mettaient à tirer
ça ferait beaucoup de bruit.
Si tous les volcans qui grondent v'naient à se réveiller
ça ferait beaucoup de bruits.
Mais il est encore un bruit beaucoup plus fort.
Si tous les cocus avaient des clochettes
des clochettes au d'ssus, au-dessus d'la tête
Ça ferait tant d'chahut, qu'on n's'entendrait plus !

PLANTUREL

(entrant en applaudissant)

BRAVO ! BRAVO !

TOPEAU

Monsieur le Maire, vous m'écoutiez ?

PLANTUREL

Je ne vous écoute pas, je vous aspire ! … Quelle voix !

TOPEAU

Vous trouvez ?

PLANTUREL

Certes !... Et je m'y connais ! Je peux dire que la musique, je l'ai
sucée à la mamelle de mon père !

TOPEAU

Il était musicien ?

PLANTUREL

Organiste.

TOPEAU

D'église ?

PLANTUREL

Non, de Barbarie !

TOPEAU

Il faisait la foire !

PLANTUREL

Mais avec cette voix, vous ne vous êtes pas présenté à l'opéra ?

TOPEAU

J'ai été recalé, parce que je ne tiens pas la note.

PLANTUREL

Problème de souffle ?

TOPEAU

Non, de soif ! J'ai toujours soif... Mon père avait soif, il tenait ça de mon grand-père qui le tenait de son père...

PLANTUREL

Pochard de père en fils !

TOPEAU

Non, Dupont !... Je me présente, Topeau Dupont.

PLANTUREL

Ou là là, en mairie, faut faire attention, il y a beaucoup de vin d'honneur !

TOPEAU

Je sais, c'est ma troisième mairie… Un jour, un monsieur est venu demander un acte de naissance pour toucher un héritage.

PLANTUREL

Et alors !

TOPEAU

Eh bien, je lui ai délivré un acte de décès.

PLANTUREL

Et vous vous en vantez ?

TOPEAU

(très content de son effet)

Qu'est-ce qu'on s'est marré. Vous auriez vu la tête du bonhomme quand il est venu pour toucher son argent ! On lui a dit que les morts n'héritaient pas.

PLANTUREL

Et qu'est-ce que vous aviez bu ?

TOPEAU

Oh, seulement une demi-bouteille !

PLANTUREL

C'est tout ?

TOPEAU

De cognac !

PLANTUREL

Ah ! Je comprends !... Écoutez-moi bien, monsieur Topeau : si vous souhaitez conserver votre poste, dans ma mairie, fini la bouteille pendant le service ! C'est compris ? Au travail !

(Topeau prend l'écharpe du maire sur le pupitre)

TOPEAU

Hic !

PLANTUREL

Et vous avez intérêt à vous activer.

(Topeau crache sur l'écharpe du maire et se met à astiquer le buste)
Qu'est-ce que vous faites ?

TOPEAU

J'astique la république !

(Planturel lui retire l'écharpe des mains)

PLANTUREL

Oui, mais vous salissez le drapeau !

(il caresse la tête de la Marianne)
Pauvre France ... Bon qu'est-ce qu'on a aujourd'hui ?

TOPEAU

Quatre mariages...

PLANTUREL

Et un enterrement.

TOPEAU

De vie de garçon ?

PLANTUREL

Non, le mien...

(il sort)

TOPEAU

Toutes mes condoléances...

(sortant une flasque de sa poche)
Alors, il a dit... " finis la bouteille pendant le service ! "... Ben je la finis !

(il regarde La Marianne et trinque)
Égalité, fraternité…Hic… Santé !

SCÈNE 2

BARILLON

Barillon, c'est ici ?

TOPEAU

Non, c'est la mairie. Vous êtes ?

BARILLON

Barillon !

TOPEAU

Ben pourquoi vous vous cherchez ?

(suspicieux)
Vous me cherchez ? !

BARILLON

Je suis Barillon, le marié de midi !

TOPEAU

Ah oui, c'est ici dans une demi-heure.

BARILLON

Qu'est-ce qu'elles fichent, on va être en retard !

TOPEAU.

Mais puisque le mariage est pour midi !

BARILLON

Ah monsieur, je suis l'exactitude même : j'arrive toujours une heure à l'avance, question de principe ! Elles n'ont peut-être pas compris qu'elles devaient venir directement ?

TOPEAU

Monsieur se marie avec plusieurs dames ?

BARILLON

Je parle de ma future et de sa mère.

TOPEAU

Généralement, on va chercher sa future chez elle. C'est la moindre des choses le jour du mariage.

BARILLON

C'est ma première fois, je ne pouvais pas savoir.

TOPEAU

On n'arrive pas déjà séparés ce jour-là ! Si votre belle-mère l'apprend, elle va vous sauter dessus !

BARILLON

Me sauter dessus ! Ah ! Vous ne croyez pas si bien dire ! Elle est tellement pendue à mon cou qu'on dirait un mouton qui lèche ! Jusqu'à présent, je me suis laissé faire, parce que je voulais sa fille... Mais une fois marié, j'interdis le léchage !

TOPEAU

Je comprends, vous en aurez suffisamment bavé !

BARILLON

Depuis ce matin, j'ai la tête à l'envers. Je n'en ai pas dormi de la nuit.

TOPEAU

C'est normal, le bœuf est toujours anxieux quand il va à l'abattoir !

BARILLON

Ah non, ce n'est pas ça, j'étais au restaurant avec des amis. Vous savez ce que c'est ...
de bouteilles en bouteilles, de vins en vins, le rhum m'est monté à la tête !

TOPEAU

Oh là là, si je connais ...

BARILLON

Et, dans ces moments-là, je ne sais pas pourquoi, j'ai des idées fixes. En rentrant, j'ai croisé un monsieur dont la tête ne me revenait pas. Alors, je lui ai dit qu'il avait une tête de cochon !

TOPEAU

Au moins, vous êtes courageux !

BARILLON

Oui, mais ça ne lui a pas plu.

TOPEAU

Il y a que la vérité qui blesse !

BARILLON

Là-dessus, il m'a flanqué une gifle. Alors là, bataille ! … Bam... échange de cartes de visite…

TOPEAU.

Vous avez un duel, le jour de votre mariage ?

BARILLON

Oui. Enfin, j'ai un duel… et je n'en ai pas !

TOPEAU

Je ne comprends pas.

BARILLON

J'ai un duel, si on veut, mais comme je n'en veux pas, je n'en ai pas.

TOPEAU

Faudrait savoir, vous avez un duel ou vous n'en avez pas ?

BARILLON

Quand on a échangé nos cartes, je n'ai pas donné la mienne !
J'ai donné celle d'Alfonso Dartagnac, le célèbre champion
d'escrime !

TOPEAU

Et alors ?

BARILLON

De deux choses l'une : ou l'adversaire me fait des excuses séance
tenante et ça reste sans suite ; ou bien il n'en fait pas et il ne peut
pas me retrouver...

TOPEAU

Quel coup de génie. Et c'est qui votre adversaire ?

BARILLON

J'étais tellement rond, que j'ai perdu sa carte !

(il regarde sa montre à gousset)
Sacrebleu, c'est l'heure ! Il faut que j'aille chercher ma femme.

TOPEAU

Ah oui, c'est le seul jour où elles sont indispensables !

*(Barillon sort précipitamment. Topeau va sous le pupitre chercher une
bouteille et boit au goulot, il ne voit pas entrer Patrice)*

SCÈNE 3

TOPEAU, PATRICE, BARILLON

PATRICE

Alors c'est là, qu'elle va se marier !

*(il a une corde de pendu autour du cou et regarde le plafond, avant qu'il ne
l'ait vu, Topeau met le pied sur le bout de la corde qui traîne ce qui arrête
net Patrice)*

TOPEAU

Vous cherchez ?

PATRICE

Un clou pour me pendre. Quand on prononcera la sentence qui
me séparera à jamais de ma dulcinée, je veux qu'on voie mon corps
flotter dans l'espace.

TOPEAU

On ne se pend pas dans une salle des mariages, on s'y met la corde au cou. Vous ne voulez pas un pt'it coup de gnôle, plutôt ?

PATRICE

(il prend la bouteille)

Oui...

TOPEAU

Faites comme tout le monde, attendez qu'elle soit mariée et dans quinze jours « tac » !

PATRICE

(boit encore)

Tac ?...

TOPEAU

Vous faites son mari cocu, avec des jolies cornes. Ça lui fera les pieds !

PATRICE

Ah ! monsieur, merci de ces bonnes paroles. Ça me revigore ! …

TOPEAU

(reprenant vivement sa bouteille)

Ça ne serait pas plutôt ma gnole ? … Et c'est qui, le mari ?

PATRICE

Un dénommé Barillon.

TOPEAU

(bondissant, paniqué)

Oh là là, mais je le connais ce nom-là.

VOIX DE BARILLON

Par ici, belle-maman !

TOPEAU

Ça promet !

SCÈNE 4

BARILLON, TOPEAU, PATRICE, VALENTINE, MADAME JAMBART

BARILLON

(entre, suivi de Mme Jambart et de Valentine.)

Ah, mon brave ! Voilà ma future et sa mère.

TOPEAU

(à Barillon)

Ah, la langue de mouton !

(à Mme Jambart)

bêêêjour madame !

MADAME JAMBART

Vous êtes enroué ?

TOPEAU

Non, j'ai le gosier sec !

(madame Jambart défait son manteau Topeau prévenant s'en saisit)

Léchez, léchez !

VALENTINE

(rougissant, ravie de le voir)

Monsieur Patrice, vous êtes venu ?

PATRICE

Valentine !

TOPEAU

(à Barillon)

Monsieur veut vous faire cocu !

BARILLON

Hein !

TOPEAU

Dans quinze jours exactement ! Tac des cornes.

PATRICE

Mais pas du tout ! …

BARILLON

(bousculant Patrice)

Ah ! Je vais vous en faire passer l'envie, moi !

PATRICE

Il est fou !

VALENTINE

(à Barillon)

Je vous en prie, au nom de notre amour !

BARILLON

De votre amour ! Non mais vous avez entendu cela, belle maman ?

MADAME JAMBART

(ingénue)

Tac, des cornes ?...

BARILLON

Elle m'agace…

PATRICE

Nous nous aimons, madame...

BARILLON

Canaille !

MADAME JAMBART

(à Patrice)

Vous voyez bien que ce n'est pas le moment. Faites comme tout le monde, attendez au moins quinze jours.

TOPEAU

Et tac, des cornes !

BARILLON

(voulant s'élancer)

Je vais le tuer ! Tenez-le, je le tue !

MADAME JAMBART

(s'interposant)

Mon gendre !

VALENTINE

(effrayée)

Il va le tuer !

MADAME JAMBART

(barrant toujours le passage à Barillon.)

Calmez-vous ! Et vous, allez-vous-en !

BARILLON

Laissez-moi le tuer d'abord !

PATRICE

Je m'en vais ! … Mais vous me reverrez !

(Patrice sort)

SCÈNE 5

MADAME JAMBART, BARILLON, VALENTINE, TOPEAU

MADAME JAMBART

(elle le serre contre elle et le couvre de baisers)

Mon gendre ! du calme !

BARILLON

Mais, laissez-moi tranquille, avec vos léchouilles ! Elle l'aime ! Elle l'aime ! Vous avez entendu ?... Elle l'aime !

TOPEAU

(pour lui)

Et tac, des cornes !

MADAME JAMBART

Eh bien, n'en faites pas tout un plat ! Ça lui passera ! Qu'est-ce qu'on demande dans le mariage ?... Une femme qui aime. Alors, réjouissez-vous... Elle aime !

BARILLON

Ah ! vous trouvez, vous ? ...

MADAME JAMBART

(à Valentine)
On peut savoir qui c'est ?

VALENTINE

Mais, maman, c'est Patrice Surcouf.

MADAME JAMBART

Surcouf, Surcouf ? J'ai déjà entendu ce nom-là quelque part.

BARILLON

(mauvais)
C'est un corsaire !

VALENTINE

Mais non, c'est celui qui a dansé avec toi à la soirée de l'Élysée. Il t'a même présenté la femme du président...

MADAME JAMBART

Ah oui, la vieille dame qui m'a offert une glace !

VALENTINE

Oui, Brigitte.

MADAME JAMBART

En effet, c'est un charmant garçon !

BARILLON

Alors là, s'il est charmant !

VALENTINE

Et depuis, on s'est revu tous les jours.

BARILLON

Pincez-moi, je rêve !

TOPEAU

(le pince)
Tiens !

BARILLON

Aïe ! l'imbécile.

TOPEAU

Bah, faudrait savoir !

MADAME JAMBART

Où ça ?

VALENTINE

À mon cours de danse. Pour se rapprocher de moi, il a mis un collant.

MADAME JAMBART

(se pâmant)
C'est d'un romantique !

BARILLON

Allez-y, continuez ! Faites comme si je n'étais pas là !

VALENTINE

Nous nous étions promis le mariage.

BARILLON

(au comble de l'énervement)
Eh ben voyons !

MADAME JAMBART

Mais enfin, Barillon calmez-vous !

(elle lui tire affectueusement la joue)
Oh, qu'il est craquant quand il est en colère.

(elle l'embrasse en se pendant à son cou.)

BARILLON

Oui, bon, ça va j'ai déjà pris mon bain... !

TOPEAU

(essuyant la joue de Barillon avec son mouchoir)
Il vous en reste un peu, là...

MADAME JAMBART

En vous donnant ma fille, c'est un vrai cadeau que je vous fais ! Ça me rappelle le jour où je me suis mariée pour la première fois.

(à Valentine)
C'était avec ton père, ce brave Pornichet ! … Je l'ai rendu tellement heureux. Mon second mari aussi, d'ailleurs ! Jambart !

J'ai rendu tous mes maris heureux !

BARILLON

Et morts !

MADAME JAMBART

Tu feras comme moi, tu rendras tous tes maris heureux.

VALENTINE

Oui, maman !

BARILLON

Comment ça tous ?

MADAME JAMBART

(à Barillon)

Rassurez-vous, je ne lui souhaite pas d'être veuve tout de suite.

BARILLON

(sarcastique)

Merci !

MADAME JAMBART

Mais elle doit s'y préparer.

VALENTINE

(naïve)

Vous êtes si vieux...

BARILLON

Merci !

MADAME JAMBART

Si vous saviez ce que c'est dur, le veuvage !

BARILLON

Je ne veux pas le savoir...

MADAME JAMBART

(qui ne l'écoute pas)

Mon second mari était pourtant bien solide. C'est son nom qui l'a perdu.

BARILLON

Jambart ?

MADAME JAMBART

Il disait : "Quand on s'appelle Jambart, on se doit d'être marin."
Ah ! Barillon, n'épousez jamais un marin !

BARILLON

Promis !

MADAME JAMBART

Nous n'avons été mariés qu'une nuit. Le lendemain, on signalait un ban de morues à Terre-Neuve...

BARILLON

... Il vous a lâchée pour des morues !

MADAME JAMBART

Hélas ! Son bateau a fait naufrage et ça fait deux ans qu'on ne l'a pas revu.

BARILLON

N'en parlons plus ! Après tout, nous sommes ici pour nous marier ! Alors, qu'on nous marie !

MADAME JAMBART

C'est vrai ça, qu'est-ce qu'on attend ?

BARILLON

(à Topeau)

Mon brave, qu'avez-vous fait de votre maire ?

TOPEAU

Ma mère ?

BARILLON

Non, votre Maire.

TOPEAU

Ça ne vous regarde pas de savoir où est ma mère.

BARILLON

(hors de lui)

Mais non, enfin, votre Maire ; LE maire !

TOPEAU

Ah ! Monsieur le Maire ! Il fallait le dire plus tôt.

SCÈNE 6

PLANTUREL, TOPEAU, BARILLON, MADAME JAMBART, VALENTINE

VOIX DE PLANTUREL

Topeau ? Mais où est-il cet animal ?

TOPEAU

Quand on parle du loup !

MADAME JAMBART

On en voit la queue !

TOPEAU

Je suis là, monsieur !

BARILLON

Ah, on va enfin nous marier !

PLANTUREL

(entrant avec des épées sous le bras il est tellement préoccupé qu'il ne voit personne, à part Topeau)

Je vous cherche partout...

BARILLON

(bondissant)

Sapristi ! La tête de cochon !

PLANTUREL

On n'est pas venu me demander ?

(il bondit sur le manteau de Madame Jambart, le met sur sa tête, traverse et sort)

MADAME JAMBART

Barillon !

VALENTINE

Qu'est-ce qui lui prend ?...

MADAME JAMBART.

Mon gendre ! Attendez-nous !

(à Topeau et Planturel)

C'est l'émotion... Avance, Valentine !

VALENTINE

Oh oui, rentrons, à la maison... !

(elles sortent)

SCÈNE 7

PLANTUREL, TOPEAU

PLANTUREL

Il a vu un fantôme ?

TOPEAU

Non, c'est son premier mariage.

PLANTUREL

(il tend un courrier à Topeau)

Voilà la plainte d'un monsieur qui a demandé une copie de son acte de naissance, et vous l'avez affublé du sexe féminin ! À la prochaine gaffe, je vous flanque à la porte !

(il va pour partir)

TOPEAU

Oh, c'est pas une grosse erreur !

PLANTUREL

L'imbécile !

TOPEAU

(à part)

Il a le vin triste !

PLANTUREL

(il revient)

Ah ! Et si jamais deux messieurs, viennent me demander, prévenez-moi immédiatement... Ce sont mes témoins.

TOPEAU

Monsieur le Maire va se marier ?

PLANTUREL

Mais non. Gardez ça pour vous, mais j'ai un duel.

TOPEAU

(fort)

Vous allez vous battre ?

PLANTUREL

Chuuuuut !

TOPEAU

(tout bas)

Vous allez vous battre ?

PLANTUREL

Oui, une altercation hier soir. Un gaillard m'a traité de tête de cochon... Alors la moutarde m'est monté au nez ! … Je n'ai pas pu me retenir ! … Et v'lan, il m'a donné une gifle !

TOPEAU

Tiens, tiens, ça me rappelle quelque chose... !

PLANTUREL

Alors, si mes témoins arrivent, prévenez-moi. Ah ! J'ai aussi télégraphié à un maître d'armes…

TOPEAU

Pourquoi faire ?

PLANTUREL

Je ne suis pas un homme d'épée, il me faut des bottes imparables.

TOPEAU

Ah non, monsieur, des bottes imperméables…

PLANTUREL

Idiot ! Une botte, c'est une parade à l'escrime. Alors, n'oublie pas de m'avertir, quand il arrivera.

TOPEAU

Oui monsieur le maire. Et les mariés de midi ?

PLANTUREL

Dites-leur qu'on est passé à l'heure d'hiver ! …

(il sort)

SCÈNE 8

TOPEAU

Si maintenant faut se battre à coup de botte.

(il boit un coup)

MADAME JAMBART

(entre, trainant Barillon. Valentine suit)

Mais enfin, qu'est-ce qui vous a pris ? Venez !

BARILLON

Non, non et non ! Je vous dis que j'ai mes raisons.

VALENTINE

Si vous ne voulez plus vous marier, je ne vous en voudrais pas.

BARILLON

Mais non, vous, je vous veux...

(il regarde autour de lui. À Topeau)

… Il est où le maire ?

TOPEAU

Au cabinet.

MADAME JAMBART

Enfin... il y a des dames… surveillez vos paroles.

TOPEAU

Dans son bureau !

BARILLON

Ah ! Mon Dieu ! Venez, on ne peut pas rester ici.

MADAME JAMBART

Ah, Non, finissons-en ! Vous allez épouser ma fille une bonne fois pour toutes !

(à Topeau)

Qu'est-ce que vous attendez, vous ? Faites venir votre maire… C'est pour une urgence !

BARILLON

Chut ! Ne criez pas !

VALENTINE

(à Madame Jambart)

Tu vois, même lui, il ne veut pas de ce mariage !

BARILLON

Hein ? Mais si, je veux me marier, mais pas avec lui !

VALENTINE

Maman, j'ai peur. Il me prend pour un homme.

BARILLON

(à Madame Jambart)
Et surtout, ne m'appelez jamais Alfonso Dartagnac.

MADAME JAMBART

Mais pourquoi je vous appellerai Dartagnac, Barillon ?

TOPEAU

Tiens, ça me rappelle quelque chose !

MADAME JAMBART

(s'asseyant sur la chaise où sont les épées, elle se relève vivement.)
Aïe ! Mais qu'est-ce que c'est que ça ?

TOPEAU

Ah, ça, c'est à Monsieur le maire, il va se battre en duel.

BARILLON

C'est pas moi ! …

TOPEAU

J'ai pas dit que c'était vous !

BARILLON

C'est pas moi quand même !

VALENTINE

Maman, il est fou. Je ne veux pas me marier avec lui.

MADAME JAMBART

Toi ma petite fille, tu n'as pas ton mot à dire ! Tu te maries un point, c'est tout.

BARILLON

(à Topeau)
Dites-moi, il est fort aux armes, le maire ?

TOPEAU

Ah oui, il a des bottes Imperméables !

BARILLON

(à Valentine)
Allons-nous-en !

VALENTINE

Oui... Rentrons à la maison !

MADAME JAMBART

Certainement pas ! Appelez le maire !

BARILLON

Je ne veux pas que ce maire-là nous marie ! … Il a le mauvais œil !

(à Topeau)

Vous n'avez pas un autre maire ?

TOPEAU

Non, monsieur, les maires ne vont pas par paire.

BARILLON

Alors, un adjoint !

TOPEAU

Le premier est en prison.

BARILLON

Eh bien, le second !

TOPEAU

Il accouche !

BARILLON

Comment ça, il accouche ?

TOPEAU

Oui, … L'adjoint est une adjointe.

BARILLON

Je suis fait... Marions nous seulement l'église !

MADAME JAMBART

Ne faites pas l'enfant…

(à Topeau)

 Allez chercher Monsieur le Maire.

(Topeau s'exécute et sort)

VOIX PLANTUREL

Dites donc, Topeau, allez nous chercher le registre !

BARILLON

Lui, filons !

(il se précipite, saisit la main de Valentine au passage et l'entraîne avec lui)

 Venez ! Venez !

(ils sortent)

MADAME JAMBART

Encore ! Mais il a des vers !... Barillon !

(au moment de sortir à la poursuite de Barillon, elle croise Patrice qui entre, elle lui tend les épées qu'elle a toujours à la main)

Tenez, vous, rangez-ça !

TOPEAU

(voyant que Mme Jambart oublie son manteau)

Madame !... Vous oubliez votre euh…. Couverture !

(il sort à sa suite…)

SCÈNE 9

PLANTUREL, PATRICE

PATRICE

(perplexe, regarde les épées)

Je ne sais pas où ça se met !

PLANTUREL

(entrant)

Ah ! le Maître d'armes ! Profitons-en ! Enlevez votre redingote !

PATRICE

(ahuri)

Hein ?

PLANTUREL

Enlevez-la ! … J'enlève la mienne.

(il enlève sa redingote)

PATRICE

Pourquoi faire ?

(il enlève sa redingote.)

PLANTUREL

Que je vois un peu ce que vous avez dans le caleçon.

PATRICE

Mais enfin, monsieur, je ne vous permets pas !

PLANTUREL

Oh, ça va, ne faites pas votre chochotte.

(il va vers Patrice prendre une épée et retourne se mettre face à lui)

Tenez, votre épée, je tiens la mienne.

PATRICE

Mais je n'en veux pas !

PLANTUREL

Mais si ! Je ne peux pas croiser le fer tout seul. Allons, en garde.

(il se met en garde)

PATRICE

(se mettant en garde sans conviction, à part)

Ah ! mon Dieu, le maire est fou aussi !

PLANTUREL

Et maintenant, montrez-moi la botte de Nevers !

PATRICE

La botte de Nevers ? Je connais les bottes de sept lieux, c'est tout...
Et puis, je ne suis pas là pour faire de l'escrime.

(il va mettre son épée dans l'autre main de Paturel)

PLANTUREL

(les deux épées pointées sur Patrice)

Comment ?

PATRICE

Je suis là pour empêcher la noce de Barillon.

PLANTUREL

Vous n'êtes pas maître d'armes ?

PATRICE

Non, je suis vétérinaire.

PLANTUREL

Ça va beaucoup moins me servir ! Gardez ça pour vous, mais on
m'a provoqué en duel. C'est pour cela que je vous demandais de
m'enseigner une feinte. Tant pis il va me saigner comme un
goret...

PATRICE

J'en ai une... Mettez-vous dos à moi...

PLANTUREL

Attendez, prenez votre épée.

(lui tendant l'épée dont il venait de se débarrasser)

PATRICE

Non ! Ce n'est pas la peine.

PLANTUREL

Si, je comprendrai mieux.

PATRICE

Comme vous voulez, mais ça ne sert à rien.

(il pose l'épée sans que Planturel le voit pendant qu'ils se mettent dos à dos)

PLANTUREL

J'y suis.

PATRICE

Faites trois pas, ensuite, vous vous retournez et vous faites "feu" !

(ils font trois pas et se retournent, Patrice mime qu'il tend un pistolet en le pointant de deux doigts)

PLANTUREL

(surpris d'être visé en se retournant)

Ah ! Comment ça, "feu !" ?

PATRICE

Ben oui, mon coup est au pistolet !

PLANTUREL

Imbécile ! Encore un coup d'épée dans l'eau…

PATRICE

Je vous avais prévenu.

PLANTUREL

Ne restons pas là. J'aimerais bien vous y voir… Affronter le grand Alfonso Dartagnac !

(Lui redonnant les épées)

Tenez !

(Et il sort)

PATRICE

(à nouveau les épées dans les mains, en sortant)

Mais je ne sais pas où ça se met !!!

SCÈNE 10

MADAME JAMBART, BARILLON, VALENTINE, TOPEAU, PLANTUREL

VOIX MADAME JAMBART

C'est le mariage qui vous tourmente comme ça ?

BARILLON

(entrant)

Mais non !

(à part)

Midi ! Il est midi… Plus moyen de l'éviter !

VALENTINE

(entrant suivie de sa mère)

Maman, j'en aime un autre.

MADAME JAMBART

Eh bien, tu changeras de destinataire ! Le cœur, ça se déplace ma petite fille. De toutes façons c'est trop tard, le maire va vous unir.

BARILLON

(à part)

S'il me reconnaît, je suis perdu !

TOPEAU

(entrant pour aller placer le registre sur le pupitre, il annonce solennellement)

Veuillez prendre place.

BARILLON

Pour quoi faire ?

TOPEAU

Votre enterrement…

(Barillon fait une mine de déterré)

BARILLON

Vous vous moquez, monsieur ?

(Barillon et Valentine s'assied sur les chaises destinées aux mariés, dos au public devant le pupitre du maire)

TOPEAU

Mais non… Oh là là, vous m'avez l'air bien tendu… Tenez, buvez pour oublier !

(il tend sa flasque à Barillon qui refuse… Il en boit une gorgée et annonce, solennel)

Monsieur le Maire !

BARILLON

Ah ! Mon Dieu ! Que faire ?

(il met son écharpe autour de sa figure en faisant un nœud sur sa tête et s'assied de côté sur la chaise)

MADAME JAMBART

Eh bien, qu'est-ce qui vous prend ?

BARILLON

Rien ! J'ai les dents qui poussent

(entrée solennelle de Planturel qui va vers le pupitre… Topeau cache sa bouteille derrière son dos)

TOPEAU

Levez-vous !

(ils se lèvent)

PLANTUREL

Asseyez-vous !

(ils s'assoient, Barillon toujours de côté pour ne pas être reconnu)

BARILLON

C'était bien la peine !

PLANTUREL

(bas, à Topeau)

Allez guetter si mes témoins arrivent.

TOPEAU.

Bien Monsieur le Maire.

(il sort)

PLANTUREL

Alors, c'est bien le mariage Barillon ?

MADAME JAMBART

Oui, Monsieur le Maire !

PLANTUREL

C'est monsieur qui est l'époux ?

BARILLON

(travestissant sa voix)

Oui !

PLANTUREL

 Vous êtes malade, monsieur Barillon ?

BARILLON

J'ai une chique !

VALENTINE

(à sa mère)

C'est quoi ?

MADAME JAMBART

On n'en meurt pas, mon petit...

VALENTINE

Ah, dommage !

PLANTUREL.

Bien, commençons : " le 1er avril 1889, à midi, devant nous, ont comparu le sieur Barillon Jean-Gustave, domicilié à Paris, majeur, âgé de 40 ans révolus, né à Paris ; fils légitime de Barillon Anatole et de…

TOPEAU

Monsieur ! … Deux personnes demandent à vous parler.

PLANTUREL

Sapristi, mes témoins ! je vous demande pardon. Un petit instant !

(il sort précipitamment.)

TOUS

Hein ?

SCÈNE 11

MADAME JAMBART, BARILLON, VALENTINE, TOPEAU, PLANTUREL

MADAME JAMBART

Il nous laisse en plan ? ! Mais enfin, quand est-ce qu'on va en finir !

VALENTINE

Maman, je ne veux pas me marier avec un œuf de pâques.

MADAME JAMBART

Tant que c'est pas une cloche !

TOPEAU

Mesdames et messieurs, asseyez-vous !

BARILLON

(retire son écharpe nouée sur sa tête)

Ouf, une pause.

TOPEAU

Il arrive souvent qu'à l'occasion d'un mariage, on donne un concert vocal et instrumental pour honorer les mariés…

TOUS

Quoi !

TOPEAU

…Or, on est souvent très embarrassé sur le choix de l'artiste. Je ne voudrais ici faire de réclame pour personne, mais je vais, à titre d'échantillon, vous chanter une romance.

VALENTINE

Oh oui…

MADAME JAMBART

Ce n'est pas le moment !

BARILLON

Quoi ?

TOPEAU

(chantant de tout son cœur)

Y en a qui disent que les patates
C'est très bon avec les tomates
Les haricots, les choux farcis
C'est bon avec des salsifis
Moi qui n' fais pas d' démonstration
Je m'écrie, quand vient la saison
Ah ! Les p'tits pois, les p'tits pois, les p'tits pois
C'est un légume bien tendre
Ah ! Les p'tits pois, les p'tits pois, les p'tits pois
Ça n' se mange pas avec les doigts!

PLANTUREL

(revient penaud. Barillon remet son écharpe pour se cacher le visage)

Merci Topeau. Je vous demande pardon !

(à Topeau)

Ce n'étaient pas du tout mes témoins ?... C'étaient deux nones !

TOPEAU

Elles auraient pu être témouinnes !

PLANTUREL

Retournes-y.

(Topeau sort. Planturel s'adresse à l'assistance)

Alors, à nous…"Article 212 du Code civil. Les époux se doivent mutuellement fidélité, secours et assistance. Article 213. Le mari doit protection à sa femme, la femme doit obéissance à son mari. Article 214…"

TOPEAU

(revient en courant)

Monsieur le Maire, vous avez de la visite…

PLANTUREL

Mes témoins ! Je vous demande pardon !

(il sort)

BARILLON, MADAME JAMBART

Encore !

VALENTINE

(en tapant dans ses mains)

Ouiiiiiii !

MADAME JAMBART

C'est toujours pas le moment !

BARILLON

(il retire son bandeau)

Ce n'est pas possible, il s'est purgé !

SCÈNE 12

TOPEAU, PLANTUREL, MADAME JAMBART, BARILLON, VALENTINE

TOPEAU

(il commence à chanter joyeusement)

Je suis le chef d'une joyeuse famille…

(Il s'interrompt)

Asseyez-vous !

(les trois se rassoient dépités, il reprend sa chanson de plus belle)

Je suis le chef d'une joyeuse famille,
Depuis longtemps, j'avais fait l'projet
D'emmener ma femme, ma sœur, ma fille
Voir la revue du quatorze juillet.
Après avoir cassé la croûte,
En chœur nous nous sommes mis en route
Les femmes avaient pris le devant,
Moi j'donnais le bras'à belle-maman.
Chacun d'vait emporter

D' quoi pouvoir boulotter,
D'abord moi je portais les pruneaux,
Ma femme portait ses jambonneaux,
Ma belle-mère comme fricot,
Avait sa tête de veau,
Ma sœur son chocolat,
Et ma fille ses œufs sur le plat

PLANTUREL

(revient au moment où Topeau salue, Barillon remet son bandeau)

Merci Topeau.

BARILLON, MADAME JAMBART

Ah ! Enfin !

VALENTINE

Oh, non !...

PLANTUREL

Je vous demande pardon.

BARILLON

Je n'en peux plus... j'ai chaud avec ça...

PLANTUREL

(à Topeau)

Des gens qui venaient pour se faire vacciner !

TOPEAU

Aïe, ça pique !

MADAME JAMBART

Bon alors, Monsieur le Maire, c'est pour aujourd'hui ou pour demain ?

VALENTINE

Demain, c'est bien aussi...

PLANTUREL

Depuis ce matin, je suis préoccupé, parce-que, je ne voudrais pas que cela s'ébruite, mais… j'ai un duel !

BARILLON

(à part, tête effarée)

Aïeaïeaïe !

PLANTUREL

Eh bien, qu'est-ce qu'il a ?

MADAME JAMBART

Le pauvre chou, il a mal à ses quenottes.

(elle l'embrasse)

VALENTINE

(effrayée)

Un duel ?

PLANTUREL

Oui... Et je croyais que c'étaient mes témoins. Mais, maintenant, je suis à vous.

TOPEAU

Levez-vous !

PLANTUREL

Asseyez-vous. Monsieur Jean, Gustave Barillon, consentez-vous...

SCÈNE 13

PATRICE, MADAME JAMBART, BARILLON, VALENTINE, PLANTUREL, TOPEAU

PATRICE

(surgit)

Non Arrêtez !

PLANTUREL

Oh ! Le vétérinaire...

MADAME JAMBART

(excédée)

On n'y arrivera jamais !

BARILLON

Encore lui !

TOPEAU

Et tac... Des cornes !

PLANTUREL

Qu'est-ce que vous voulez ?

PATRICE

Je m'oppose à ce mariage.

PLANTUREL

Rien que ça !

PATRICE.

Mademoiselle ne peut pas épouser Barillon !

MADAME JAMBART

Quoi ?

PLANTUREL

Pourquoi ?

PATRICE

Parce que je l'aime et qu'elle m'aime !

PLANTUREL

Si je devais marier uniquement les gens qui s'aiment, je serais plus souvent à la pêche !

TOPEAU

Ah ah ah ah ah …

(Il s'arrête net à cause du regard furieux du maire)

PLANTUREL

La future n'a qu'à refuser !

VALENTINE

Je peux ???

MADAME JAMBART

(menaçante)

N'y penses même pas … !!!

PATRICE

Valentine ! …

PLANTUREL

(reprend la lecture de son registre, à Barillon.)

Jean, Gustave Barillon, consentez-vous à prendre pour femme…

PATRICE

Non !

MADAME JAMBART

Si !

PLANTUREL

Mais taisez-vous donc ! On n'est pas à la foire… !

(à Barillon)

Alors, vous consentez ?

BARILLON

(maquillant sa voix)

Oui, évidemment, j'y consens.

PLANTUREL

Et d'un !

(à Valentine qui regarde Patrice, puis sa mère)

Et vous, ma chère petite… Consentez-vous…

PATRICE

(très fort au-dessus de la voix du maire)

Non, dites non !

BARILLON.

Taisez-vous à la fin !

MADAME JAMBART

Ne l'écoute pas ma chérie, dis oui !

TOPEAU

(à la noce)

Silence !

PLANTUREL

(dominant le tumulte)

… À prendre pour époux Monsieur Jean, Gustave Barillon ?

PATRICE

Non !

MADAME JAMBART

Si !

BARILLON

(menaçant Patrice)

Mais je vais l'écorcher vif !

PLANTUREL

Mais taisez-vous donc, à la fin ! On ne s'entend plus marier !

TOPEAU

(à Planturel)

Oh oui monsieur le maire, vivement le vin d'honneur !

PLANTUREL

(à Topeau)

Silence !

(à Valentine)

Alors, consentez- vous ?

VALENTINE

(regarde Patrice qui fait non de la tête, puis sa mère qui la menace du regard. Elle capitule en faisant non de la tête…)

Oui.

MADAME JAMBART

Ah, Enfin...

PATRICE

(avec rage)

Malheur...

PLANTUREL

Au nom de la loi, je vous déclare unis par le mariage.

BARILLON

Parfait !

(Il prend Valentine par la main et l'entraîne)

PLANTUREL

Les mariés peuvent s'embrasser.

VALENTINE

C'est Obligé ?

TOPEAU

(il montre le registre aux mariés)

D'abord, il faut signer !

BARILLON.

Signons et partons !

(Barillon signe rapidement et tend le porte-plume à Valentine qui hésite)

MADAME JAMBART

(énervée)

Donne-moi ça !

(sa mère signe rageusement à sa place)

Voilà. Ce n'était pas sorcier !

SCÈNE 14

BARILLON, PATRICE, PLANTUREL, TOPEAU,
MADAME JAMBART, VALENTINE

BARILLON

(se met en position de boxeur en moulinant des bras devant Patrice)

Et maintenant, à nous deux !

PATRICE

Ah ! si vous croyez que vous me faites peur !

(ils tournent en se toisant)

PLANTUREL

Qu'est-ce qu'il leur prend ? Séparez-les !

(Topeau sépare Barillon de Patrice)

BARILLON

Tu n'as pas intérêt à toucher à ma femme !

PATRICE

Je vais vous faire avaler votre écharpe…

(Patrice arrache l'écharpe de la tête de Barillon)

Et dans 15 jours …

TOPEAU

Tac, des cornes !

BARILLON

(dos à Planturel)

Je lui ferai la peau avant d'en avoir !

PLANTUREL

Calmez-vous, voyons ; ce n'est pas un endroit pour se provoquer en duel !

BARILLON

Non mais de quoi je me mêle ?...

(se retournant vers Planturel, sans son écharpe)

Ah !

PLANTUREL

(le reconnaissant)

Ah ! Mon adversaire…

BARILLON

(reprenant son écharpe et se mettant entre Mme Jambart et Valentine.)

Il m'a reconnu ! … Vite ! Venez !

VALENTINE

Hein ?

PLANTUREL

Alfonso Dartagnac !

MADAME JAMBART

Qui est cet Alfonso Dartagnac à la fin ?

BARILLON

(à madame Jambart)

C'est pas moi. Allons, venez, venez !

MADAME JAMBART

Mais où ?

BARILLON

À la maison.

VALENTINE

Ah non, pas à la maison !

(Barillon sort en entraînant Valentine)

MADAME JAMBART

(se débattant)

Quelle poigne ! Quelle chance elle a ma fille. Attendez, j'oublie mon manteau… !

VOIX BARILLON

Eh bien, vous nous rejoindrez !

(Patrice sort, elle va rechercher son manteau rester sur la chaise de la mariée)

SCÈNE 15

PLANTUREL

(à Topeau)

S'il était véritablement Alfonso Dartagnac, il ne se serait pas marié sous le nom de Barillon...

TOPEAU

Vous savez, moi et les noms...

PLANTUREL

(à madame Jambart qui vient de récupérer son manteau)

Madame ?

MADAME JAMBART

Monsieur le Maire ? ...

PLANTUREL

Entre nous, votre gendre ne s'est jamais appelé Barillon ?

MADAME JAMBART

Mais enfin, Monsieur le Maire, relisez, c'est écrit là.

PLANTUREL

(il relit le registre)

« Mariage entre Jean-Gustave Barillon, et Frénégonde-Augustine Pornichet... »

MADAME JAMBART

(le corrigeant)

Ah non ! Valentine-Ernestine Pornichet !

PLANTUREL

(relisant)

Ah pardon ! "Frénégonde-Augustine Pornichet, veuve Jambart..."

MADAME JAMBART.

Veuve Jambart ? Mais la veuve Jambart, c'est moi !

PLANTUREL

C'est vous ? ... Mais alors, votre fille, c'est qui... ?

MADAME JAMBART

C'est Valentine Pornichet que vous venez de marier à Monsieur Barillon.

TOPEAU

Et Alfonso Dartagnac, c'est qui ?

(Topeau vole le registre, le met derrière son dos et va vers la sortie discrètement...)

MADAME JAMBART

Mais on s'en fout !

PLANTUREL

Ce n'est pas possible ! … Topeau ! rendez-moi l'acte authentique...

TOPEAU

Je ne peux pas, il sèche …

PLANTUREL

(le rattrape et lui prend le registre des mains)

Donne-moi ça.

(il l'ouvre et lit)

Ah ! juste ciel !

(il s'effondre)

MADAME JAMBART

Qu'est-ce qu'il a ?

TOPEAU

Tombé pour la France…

PLANTUREL

(revenant à lui, à Topeau)

Espèce d'ivrogne, tu as mis le nom de la mère au lieu de celui de la fille.

MADAME JAMBART

(enchantée)

Ah ! mon Dieu ! Je suis la femme de mon gendre !

TOPEAU

(à Planturel)

Eh ben…Vive la mariée !!!

NOIR

Acte 2

Le salon d'un intérieur bourgeois. Une robe de mariée et un voile, exposés sur un mannequin côté cour à côté de la fenêtre. Deux Fauteuils devant et un bar roulant en arrière-plan. La porte palière à Jardin. Pan coupé à Jardin donnant sur les autres pièces de l'appartement. Deux portes de chambre au fond.

SCÈNE 1

BARILLON, VALENTINE

(de retour de la mairie)
VALENTINE
Vous avez le diable au corps, monsieur Barillon !

BARILLON
(se jetant presque sur elle, en chemise et bretelles)
Ah Valentine !

VALENTINE
(esquivant)
Quoi ?

BARILLON
(lui court après)
C'est la première fois que nous sommes seuls ensembles !

VALENTINE
Oui, et alors ?

BARILLON
(outré)
Comment ça, et alors ?! … C'est la première fois que nous sommes SEULS ensemble !

VALENTINE
Oui, j'avais entendu !

BARILLON
Et ça ne vous fait rien ?

VALENTINE
Non. Ça devrait ?

BARILLON
Moi, ça me fait quelque chose... Ça me fait... ça me fait même beaucoup ! … ça me fait énormément …

VALENTINE

Je vois ...

BARILLON

Valentine, je ne suis pas de marbre ! … je suis un homme !

VALENTINE

Vous pourriez attendre que maman soit revenue de la mairie.

BARILLON

Je suis assez grand pour me débrouiller tout seul !

VALENTINE

Moi, j'ai encore besoin de maman.

BARILLON

Mais non ! … mais non !

VALENTINE

Bas les pattes.

BARILLON

Mais, c'est légitime ! … Je suis votre mari foutre dieu !

VALENTINE

Ah, Barillon ne jurez pas !

BARILLON

Pardon ! … Mais je ne peux tout de même pas avoir ma belle-mère sur le dos pour ma nuit de noce !

VALENTINE

(boudeuse)
Vous n'aimez pas maman !

BARILLON

Mais si ! … mais si ! …

VALENTINE

Je vois bien les grimaces que vous faites quand elle vous embrasse !

BARILLON

C'est qu'elle a le baiser mouillé…

VALENTINE

Maman est très affectueuse !

BARILLON

Eh bien qu'elle affecte ailleurs, avec sa figure qui gratte.

VALENTINE

Elle ne gratte pas ! Elle pique un peu c'est tout.

BARILLON

Elle devrait se raser. Je me rase bien, moi !

VALENTINE

On vient à peine de se marier que vous montrez déjà votre caractère autoritaire !

BARILLON

Ahhhh, Valentine je te veux là, tout de suite... je vais te montrer ce que j'ai sur le cœur...

VALENTINE

(il la porte et l'assoit sur un fauteuil)
Quand je dis non, c'est non !

BARILLON

Il y a des nons ... qui veulent dire OUIIIII...

VALENTINE

J'ai mal à la tête...

BARILLON

Ah, pas le premier soir ! ... Tu es ma femme ! ... et je vais te prouver combien je t'aime...

(Il retire ses bretelles, son pantalon tombe sur ses chevilles)
Valentine je ne peux plus attendre... !

VALENTINE

Ah, maman !

SCÈNE 2

BARILLON, VALENTINE, MADAME JAMBART

MADAME JAMBART

(déboulant par la porte palière, elle pousse un cri en les voyant)
Ah ! Malheureux !... Arrêtez ça immédiatement !

VALENTINE

Maman... !

BARILLON

Qu'est-ce qu'il y a ?

MADAME JAMBART

(essoufflée et très excitée)
Ah ! mes enfants ! si vous saviez ! ... J'en suis encore toute retournée. Vous, rhabillez-vous et toi, réjouis-toi !

VALENTINE

Pourquoi ?

BARILLON

Bah oui, pourquoi ?

MADAME JAMBART

Tu ne voulais pas épouser Barillon ! Tout est arrangé !

VALENTINE

(heureuse)

C'est vrai ?

BARILLON

(inquiet)

C'est vrai ?

MADAME JAMBART

Barillon n'est plus ton mari. Il ne l'a jamais été !

BARILLON

Qu'est-ce que vous dites ?

MADAME JAMBART

(lui sautant au cou)

Ah ! Barillon ! Barillon !

BARILLON

(se dégageant)

Mais laissez-moi tranquille !

MADAME JAMBART

Pardon ! C'est la joie … Le bonheur … l'extase !

BARILLON

Enfin, voyons, expliquez-vous !

MADAME JAMBART

Concernant l'acte…

BARILLON

L'acte ? Justement, j'aimerais bien y passer !

MADAME JAMBART

L'acte de mariage.

BARILLON

Ah, celui-là !

VALENTINE

Eh bien ?

MADAME JAMBART

L'employé s'est trompé. Il a inscrit un autre nom que Valentine !

BARILLON.

Un autre ? … Mais lequel ?

MADAME JAMBART

(lyrique)

Barillon, embrassez votre femme !

BARILLON
(suffoquant et se retournant)

Quoi ?

VALENTINE

Qui ?

MADAME JAMBART

Moi ! …

BARILLON

Je suis votre Ma, Ma… vous êtes ma fffffff… Ah ça ne veut pas sortir...

MADAME JAMBART

Votre femme !

VALENTINE

Maman, tu es la femme de mon mari ?...

MADAME JAMBART
(voulant se jeter au cou de Barillon)

Barillon, je suis à toi !

BARILLON

Ne m'approchez-pas ! Je suis le mari de ma belle-mère ! Je suis le mari de ma belle-mère ! Je suis le mari de ma belle-mère !

VALENTINE
(catastrophée)

Oh, il est rayé...

MADAME JAMBART

Barillon, je suis ta chose !

BARILLON

Ne m'approchez pas, je vous dis.

MADAME JAMBART

Fais de moi ce que tu veux, mon époux !

BARILLON

Et voilà ! … Je prends une femme jeune et jolie, et je me retrouve marié avec ça !

(on tambourine à la porte)

PLANTUREL OFF

Au nom de la loi, ouvrez !

VALENTINE
(se précipitant à la porte)

Qui est-ce ?

(Planturel entre avec son épée)

SCÈNE 3

BARILLON

(au maire)

Alors vous, je vais vous tuer !

PLANTUREL

Ah non, c'est moi. En garde Barillon Dartagnac, je vais venger mon honneur !

BARILLON

C'est trop fort ! … Parce que vous êtes maire, vous abusez de votre privilège pour marier les gens avec leur belle-mère !

PLANTUREL

Oui, ça, j'en conviens ; c'est une erreur !

BARILLON

Une erreur ! Elle est bonne celle-là ! … Il n'y a pas de danger que vous l'ayez mariée avec vous !

MADAME JAMBART

Ah ! c'est blessant pour moi, ce que vous dites !

BARILLON

Annulez mon mariage ou je dis à vos administrés que vous êtes un incapable.

PLANTUREL

C'est votre faute !

BARILLON

Pardon ?

PLANTUREL

Vous étiez à la mairie quand je vous ai posé les questions d'usage ?

MADAME JAMBART

Ah oui... Il y était, j'y étais !

PLANTUREL

Est-ce que vous n'avez pas répondu "oui" ? Est-ce que vous n'avez pas signé et madame aussi ?

VALENTINE

Ça, c'est vrai ! … C'est maman qui a signé !

BARILLON

Permettez, j'ai répondu "oui" ! Mais à ce moment-là, tout le monde parlait en même temps ! … Je n'entendais rien !

PLANTUREL

Eh bien, on ne répond pas "oui ' quand on n'entend pas !

MADAME JAMBART

Bah oui ! …

PLANTUREL.

Je vais vous tuer ça réglera le problème.

MADAME JAMBART

Le sort s'acharne sur mes maris...

PLANTUREL

Je vais chercher mes témoins.

MADAME JAMBART

Pauvre Barillon, je vais être encore veuve !

BARILLON

(conciliant)

Attendez ! … Je me suis peut-être laissé emporter !

PLANTUREL

Alors vous ne faites pas de vague, vous restez marié avec la mère et on n'en parle plus !

BARILLON

Sacrebleu … Je ne peux pourtant pas rester le mari de ... de... de madame Jambart !

MADAME JAMBART

(le corrige)

Madame Barillon.

PLANTUREL

Ou alors, vous n'avez qu'à divorcer, c'est à la mode… Et ça reste bon pour nous deux.

BARILLON

Je peux divorcer ? …

PLANTUREL

Évidemment ! … Un mari qui ne s'entend pas avec sa femme on en voit tous les jours.

MADAME JAMBART

Il n'est pas question que j'accepte le divorce !

BARILLON

(à madame Jambart)

Ce n'est pas vous que je voulais épouser, c'est votre fille !

PLANTUREL

Mais enfin, elle est beaucoup trop jeune pour vous ! On dirait son père !

VALENTINE

Je n'ai que vingt ans !

BARILLON

Eh bien justement ...

MADAME JAMBART

Tandis que moi, j'en ai quarante-deux, et vous quarante.

BARILLON

Et alors ?

MADAME JAMBART

Il y a moins loin de quarante à quarante-deux que de vingt à quarante.

BARILLON

Bah justement !

PLANTUREL

N'en parlons plus. Vous restez marié en attendant le divorce.

MADAME JAMBART

Mais je ne veux pas divorcer !

BARILLON

(à Planturel)
Vous n'avez pas une solution plus radicale ?

PLANTUREL

(tendant son épée vers Barillon)
Si, vous tuer !

MADAME JAMBART

(se jetant à ses genoux)
Pitié, nous sommes jeunes mariés !

PLANTUREL

(rangeant son épée)
Alors, tout est arrangé !

MADAME JAMBART

Oh, vous êtes un saint !

(elle se relève et s'appuyant sur lui, il se retrouve à genou à son tour)
Ah !... Valentine, embrasse ton beau-père !

(Valentine s'approche de Barillon, Madame Jambart va à la robe de marié prendre le voile...)

BARILLON

Ah ! non, là, c'est trop !

PLANTUREL

Allons, Barillon, réjouissez-vous... Un si beau jour !

(à madame Jambart)

Madame Barillon, votre serviteur ! ...

(il sort, en laissant la porte palière ouverte)

SCÈNE 4

BARILLON, MADAME JAMBART, VALENTINE

MADAME JAMBART

(virevoltant)

Ah ! Barillon...

BARILLON

(apercevant Madame Jambart voilée)

Ah !

MADAME JAMBART

(elle va en tourbillonnant vers la porte palière)

Je n'oublierai jamais ce que vous avez fait pour moi !

VALENTINE

Et moi donc !

BARILLON

Je vous rassure, je n'y suis pour rien ! ...

VOIX MADAME JAMBART

(elle est sortie sur le palier, crier sa joie à tout l'immeuble)

Mariée ! ... Je suis mariée ! ...

VALENTINE

Merci de faire le bonheur de maman

MADAME JAMBART

(elle revient et ferme la porte)

Ah ! je suis si heureuse ! Il me semble que j'ai vingt ans !

BARILLON

(à part)

Il me semble que je vois double !

MADAME JAMBART

Ce mariage va prolonger ma vie d'au moins dix ans.

BARILLON

Elle ne m'épargnera rien !

MADAME JAMBART
(elle va à coté de Barillon et sa fille et les étouffe)
Est-ce que nous ne serons pas parfaitement heureux comme ça, tous les trois ensembles ?

VALENTINE
Oui, heureux !

BARILLON
(à Valentine)
Heureux… Alors que je vous perds ?

VALENTINE
Vous y gagnez maman !

BARILLON
Je ne cherche pas la quantité !

VALENTINE
Et puis, vous ne me perdez pas.

MADAME JAMBART
Ce sont les rôles qui changent, voilà tout !

VALENTINE
Vous verrez comme ce sera merveilleux, monsieur Barillon !

MADAME JAMBART
Mais n'appelle pas ton beau-père monsieur. Appelle-le "papa".

BARILLON
(horrifié)
Papa ?!

VALENTINE
Oh ! Oui, mon petit papa !
(on tambourine à la porte)

BARILLON
Ah ! Non, pas "papa", pas "papa" !
(Barillon ouvre à Patrice, Musique, il entre en chantant)

SCÈNE 5
PATRICE, BARILLON, VALENTINE, MADAME JAMBART

PATRICE
(chantant en musique)
Ah cher monsieur, félicitations, ...
Félicitations, ...
Félicitations...

BARILLON

Oh non…

PATRICE

(chantant en musique)

Je suis encore tout chaviré, tourneboulé mais soulagé…

BARILLON

Quoi ?

PATRICE

(chantant entraînant malgré lui Barillon)

Je reviens juste de la mairie, où l'on m'a dit, où j'ai appris

D'ailleurs le boucher, le coiffeur, le boulanger et le tailleur,

Se joignent au curé, au facteur,

BARILLON

Pourquoi ?

PATRICE

(chantant)

au garagiste

et au pasteur

Toute la ville vous applaudit, vous voilà un drôle de mari

Ah cher monsieur, félicitations,

félicitations,

félicitations

BARILLON

Je vais le tuer…

PATRICE

(chantant)

Je suis encore tout chaviréééééé, tournebouléééééééé mais soulagé.

VALENTINE

(applaudissant avec Madame Jambart)

Oh Patrice !

BARILLON

Monsieur ! vous vous moquez ?

PATRICE

Mais pas du tout… je viens…

BARILLON

Je sais, pour me féliciter… maintenant, sortez !

PATRICE

Je viens en parlementaire.

MADAME JAMBART

Voyons, écoutez-le !

PATRICE

Ah ! monsieur, je regrette de m'être opposé à votre mariage.

BARILLON

Vraiment ?

PATRICE

C'est l'amour qui m'a rendu fou. Je vous fais toutes mes excuses.

BARILLON.

Je les accepte ! Maintenant sortez.

PATRICE

Je vous souhaite d'être heureux en ménage.

BARILLON

(avec rage)

Merci... Maintenant, sortez !

MADAME JAMBART

Mais quel amour ce garçon…

PATRICE

Maintenant, ce n'est plus à l'époux que je m'adresse, mais au père.

BARILLON

Hein ! …

PATRICE

(à genou devant Barillon)

J'ai l'honneur de vous demander la main de Mademoiselle Valentine.

BARILLON

Qu'est-ce que vous dites ? …

PATRICE

(plus fort)

Je dis : j'ai l'honneur de vous demander la main de Mademoiselle Valentine !

BARILLON

Ça va, je ne suis pas sourd ! Vous trouvez ça drôle de venir achever un homme au bord du gouffre ?

MADAME JAMBART

Je vais finir par le prendre mal...

VALENTINE

(suppliante)

Papa ! mon petit papa !

BARILLON

Là, j'ai touché le fond !

(furieux)

Plutôt que de vous la donner, monsieur, je préfèrerais encore l'épouser moi-même ! Maintenant, sortez … Tous !

MADAME JAMBART

(minaudant)

Moi aussi ?

BARILLON

Vous, surtout ! …

MADAME JAMBART

(à Patrice)

Ne l'irritez pas plus !

PATRICE

Mais au moins m'est-il permis d'espérer…

MADAME JAMBART

Oui, oui, partez !

PATRICE

(à Barillon)

Je pars, monsieur, je pars.

(il sortent)

BARILLON

Je suis marié à ma belle-mère, et l'amant de sa fille que je devais épouser vient de me demander sa main… Non mais ça va s'arranger, ça va s'arranger …

(on tambourine à la porte)

SCÈNE 6

BARILLON, TOPEAU

BARILLON

(qui va ouvrir)

C'est qui, encore ?!

TOPEAU

(habillé en receveur des postes)

Ah ! monsieur Barillon ! Un télégramme pour madame.

BARILLON

Laquelle ?

TOPEAU

L'officielle.

BARILLON

Je ne sais plus où j'en suis… La jeune ou la vieille ?

TOPEAU

(s'approchant de lui)

La baveuse.

BARILLON

(faisant la grimace)

Oh Mais je connais cette haleine de ragondin ! Topeau, c'est vous ?
Vous êtes facteur maintenant ?

TOPEAU

(tout en fouillant dans sa besace)

Télégraphiste...

BARILLON

Aux P et T, ils savent lever le coude !

TOPEAU

Faut bien, pour mettre le courrier dans la boite.

BARILLON

Aussi, oui…

TOPEAU

Je suis passé de l'hôtel de ville à l'hôtel des postes, ça n'a pas fait
un pli.

BARILLON

Vous serez très bien chez les timbrés !

TOPEAU

(goguenard)

Mes félicitations, pour votre mariage avec Mme Jambart. Tout le
monde dit que vous faites un très beau couple...

BARILLON

Ah, tu ne vas pas t'y mettre, toi aussi.

TOPEAU

(tend le télégramme)

Alors, vous le prenez ce télégramme ou faudra qu'on vous envoie
un pigeon voyageur ?

BARILLON

Tiens, voilà ce que j'en fais !

*(il met en boule le télégramme, le jette par terre et pousse Topeau vers la
porte)*

TOPEAU

Mais, Monsieur…

BARILLON

File !

TOPEAU

(se raidissant pour ne pas sortir))

Et mon pourboire ?

BARILLON

Tu l'as déjà bu !

TOPEAU

(pendant que Barillon le flanque à la porte)

Quel pisse-vinaigre !

SCÈNE 7

BARILLON, MADAME JAMBART

BARILLON

C'est la journée, qui tourne au vinaigre !

(se laisse tomber sur un fauteuil, les yeux fermés)

C'est un cauchemar... Je vais me réveiller !

MADAME JAMBART

(entre en déshabillé, en faisant la petite fille, le voile de marié sur le visage)

Mon cœur bat comme celui d'une petite vierge ! ... Ah ! Je vais te gâter Barillon...

(elle se penche au-dessus de lui amoureusement, en caressant ses joues)

BARILLON

Valentine, c'est toi ?

MADAME JAMBART

C'est moi ta Frénégonde...

BARILLON

(il ouvre les yeux et voit sa belle-mère)

Ahhh !

MADAME JAMBART

Ahhh !

BARILLON

Vous ne pouviez pas me laisser dormir ?

MADAME JAMBART

On ne dort pas le jour de son mariage, mon chéri !

BARILLON

Je vais ronfler oui !

MADAME JAMBART

Est-ce que je ne suis pas une jolie mariée ?

BARILLON

Retirez ça, vous allez l'agrandir !

(elle retire le voile et le remet sur la tête du mannequin)

MADAME JAMBART

Barillon ! Vous êtes dur... Enfin, si seulement … ! Vous savez, j'ai toujours gâté mes maris jusqu'à leur mort...

BARILLON

(entre ses dents)

Ça faisait longtemps qu'on n'avait pas parlé cimetière !

MADAME JAMBART

Allez demander à ce bon Pornichet s'il a eu à se plaindre de moi de son vivant. Et à ce pauvre Jambart ! Il ne m'a connu qu'une seule nuit...

BARILLON

Le veinard !

MADAME JAMBART

Mais, il a eu le temps d'apprécier son bonheur avant que la mer ne l'engloutisse.

BARILLON

Le bienheureux...

MADAME JAMBART

Vous m'aimerez Barillon, et vous en redemanderez. Aussi vrai… Que cette boulette de papier est là.

BARILLON.

Ah, oui, à propos, c'est un télégramme pour vous.

MADAME JAMBART

Pourquoi est-il en boule ?

BARILLON

(le faisant rouler du bout du pied vers elle)

Pour qu'il arrive plus vite …

MADAME JAMBART

Ça doit être un message de félicitation...

(elle le déplie et lit à voix haute)

Madame Jambart, 26 avenue Marceau… Voir 32 rue de la Pompe. Voir 117 avenue des Ternes. Voir 2 rue Caumartin.

BARILLON

Sapristi ! Il en a fait du chemin.

MADAME JAMBART

Ce sont toutes mes adresses depuis deux ans !… Ah ! mon Dieu !…

(elle tombe sur un fauteuil.)

BARILLON

(il essaie de la faire revenir à elle et lui tapote les joues)

Qu'est-ce que vous avez ? ... Frénégonde...
Au secours ! Valentine !

SCÈNE 8

VALENTINE, BARILLON, MADAME JAMBART

VALENTINE

(accourt)

Que se passe-t-il ?... Oh ! Maman ! Qu'est-ce que vous lui avez-
fait ?

BARILLON

Mais rien ! Vous pensez...

MADAME JAMBART

(revenant à elle, s'adresse à Barillon)

Jambart !

VALENTINE

Non maman, lui, c'est Barillon !

MADAME JAMBART

Jambart est vivant !

VALENTINE

Hein ?

BARILLON

Qu'est-ce que vous dites ?

MADAME JAMBART

Le télégramme ! ... c'est de lui ! ... Il revient de Terre-neuve !

(elle se trouve mal)

BARILLON

Ah !

(il tombe sur le fauteuil à côté de Mme Jambart.)

VALENTINE

Oh, j'ai deux beaux petits papas !

MADAME JAMBART

Je suis « bighomme » ! ! !

BARILLON

Et moi aussi !

MADAME JAMBART

Vous ? Mais vous n'avez qu'une femme !

BARILLON

J'ai une femme et maintenant un mari !

MADAME JAMBART

Ah ! Barillon ! quelle situation !

BARILLON

Qu'est-ce qui nous prouve que le télégramme est authentique ?

VALENTINE

C'est vrai, on est le 1er avril.

MADAME JAMBART

Un poisson d'avril !

BARILLON

Un poisson. C'est logique pour un marin pêcheur …

VALENTINE

Il ne peut pas être vivant enfin, son bateau a fait naufrage.

MADAME JAMBART

C'est vrai, tout l'équipage a péri dans les flots.

BARILLON

Il a été dévoré par ses morues.

MADAME JAMBART

Mais oui, il a été boulotté, grignoté, déchiqueté, dévoré, mastiqué, avalé... il a été digéré !

(on tambourine à la porte.)

VOIX DE JAMBART

Frénégonde ! C'est moi !!!

MADAME JAMBART

C'est lui !

BARILLON

Il ne faut pas qu'il nous trouve ensemble

MADAME JAMBART

Séparons-nous !

VALENTINE

Et moi ?

MADAME JAMBART

Va ouvrir !

(Jambart tambourine de plus belle, madame Jambart et Barillon vont se cacher chacun dans une chambre. Valentine va ouvrir.)

SCÈNE 9

JAMBART

Ça fait du bien de retrouver le plancher des vaches ! Aaah !

(il se retourne, sur Valentine, médusée)

VALENTINE

(bouche bée)

Ah !

JAMBART

Eh ! bien, quoi, mon enfant, on dirait que tu as vu un fantôme ? Je m'appelle Jambart, Émile Jambart ! Capitaine du Titanic, un chalutier perdu corps et biens au large de Terre-neuve avec des tas de morues à son bord !

VALENTINE

Vous n'êtes pas mort ?

JAMBART

Est-ce que je n'ai pas l'air d'être vivant, ma coquine ?

(Il l'empoigne par la taille comme une servante)

VALENTINE

(s'échappant)

Mais !

(à part)

Il ne me reconnaît pas ?

JAMBART

Quel beau brin de fille... Quand on a été naufragé dans une île déserte, on n'en reste pas moins un homme !... Où est ma femme ?

VALENTINE

Votre femme ?

JAMBART

Oui, madame Jambart, ma moitié.

VALENTINE

Ce n'est plus qu'un quart.

JAMBART

Elle a maigri ?...

VALENTINE

Oui...

JAMBART

(il se laisse tomber sur un fauteuil déçu)

Oooooh...

VALENTINE

Le chagrin sans doute…

(à part)
J'ose pas lui dire !

JAMBART

Dis donc, soit gentille, descends chez le concierge. Tu y trouveras ma valise, quelques babioles et un phoque.

VALENTINE

Un phoque ?

JAMBART

S'il t'appelle "papa maman", ne t'inquiète pas, c'est le résultat de son éducation… en deux ans j'ai eu le temps de le dresser !

VALENTINE

Un phoque ?! Mais où on va le mettre ?

JAMBART

Dans la baignoire, pardi ! Ah ! dis donc, il y a de l'eau de mer, ici ?

VALENTINE

Non. Il n'en vient pas encore jusqu'à Paris !

JAMBART

Tu mettras du gros sel dans l'eau, il n'est pas exigeant !

VALENTINE

Bon, je vais faire couler un bain…

(elle sort)

JAMBART

Et moi, Frénégonde !

SCÈNE 10

JAMBART, MADAME JAMBART, BARILLON

JAMBART

(frappant à la porte de la chambre où est Barillon)
Frénégonde, c'est moi, ton petit pélican…

VOIX DE BARILLON

C'est occupé !

JAMBART

Ah ! pardon ! ça doit être le cabinet de toilette… Je devine sa joie quand elle va me revoir.

(il va toquer à l'autre porte)
Frénégonde ?

VOIX DE MADAME JAMBART

C'est occupé !

JAMBART

Frénégonde, je sais que c'est toi... Ouvre à ton capitaine, j'ai une furieuse envie de… pêcher ! À trois j'enfonce !... UN, DEUX…

MADAME JAMBART

(ouvre doucement la porte)

Ah ! Émile !

JAMBART

Ah ma petite lotte, quelle joie de te revoir ! Laisse-moi te regarder ! Ah !

(à part)

Elle a pris un sacré coup de vieux !

MADAME JAMBART

Alors, c'est bien toi ?

JAMBART

Qui veux-tu que ce soit, le pape ? ! …

MADAME JAMBART

Je croyais que les poissons t'avaient dévoré.

JAMBART

Quand le bateau a sombré, il y a un requin qui me reluquait ; je me suis dit : "Toi, mon vieux, tu veux bouffer les jambonneaux d'un marseillais..." alors, je lui ai sauté dessus et je l'ai étranglé d'une main ! Ça a fait un exemple.

MADAME JAMBART

Vraiment ?

JAMBART

Mais je te raconterai ça plus tard. Pour l'instant, je suis tout à la joie de te retrouver. Si tu savais quel trésor d'amour, je t'apporte. J'en ai fait collection… Frénégonde, je suis en feu... !

MADAME JAMBART

Ah !

JAMBART

Rattrapons le temps perdu ! Il va falloir aimer pour deux.

MADAME JAMBART

Ah ! Oui, pour deux ! Mon Dieu ! Et Barillon qui est là !

JAMBART

Mais qu'est-ce que tu as ? Je te trouve bien froide !

MADAME JAMBART

Moi ?

JAMBART

Viens m'embrasser à pleine bouche mon encornet d'amour !

MADAME JAMBART

C'est que je te croyais mort. J'ai besoin de faire le deuil de mon deuil !

JAMBART

(voyant la robe de mariée sur le mannequin)
Mais qu'est-ce que c'est que ça ?

MADAME JAMBART

(embarrassée)
Ça ? … c'est une robe de mariée !

JAMBART

Je le vois bien. Parbleu ! Mais j'y suis ! C'est pour Valentine !

MADAME JAMBART

Oui, oui, c'est ça

JAMBART

Et où elle est ma sardine ? Elle doit avoir bien grandi.

MADAME JAMBART

(à part)
Ah ! mon Dieu ! Je n'ose pas lui dire...

(elle va appeler à Jardin)
Valentine !

JAMBART

(appelle)
Valentine !

SCÈNE 11

JAMBART, MADAME JAMBART, VALENTINE, BARILLON

MADAME JAMBART

Valentine, viens dire bonjour à beau papa.

VALENTINE

(entrant)
Nous nous sommes déjà vus, maman.

JAMBART

Tonnerre de Brest, je ne t'avais pas reconnu... C'est qu'en deux ans tu es devenue une belle dorade. Embrasse-moi ma fille…
Il paraît que tu te maries ?

(madame Jambart fait signe à Valentine de dire oui.)

VALENTINE

Moi ?

(madame Jambart fait signe à Valentine de plus belle.)

JAMBART

Qui veux-tu que ça soit, ta mère !!!

(il part d'un grand éclat de rire)

MADAME JAMBART

C'est que…

VALENTINE

C'est que ce matin c'était le mariage à la mairie …

MADAME JAMBART

Mais le mariage à l'église n'a pas encore eu lieu.

JAMBART

Ah ! tant mieux ! Au moins, je ne vais pas louper ça ! Rassure-moi, tu ne vas pas changer de mari entre la mairie et l'église, quand même ! ah ah ah !

VALENTINE

Ben, ce n'est pas sûr…

JAMBART

Qu'est-ce que tu me chantes ? On n'épouse pas plusieurs maris !

MADAME JAMBART

Non, bien sûr.

VALENTINE

(regardant sa mère)
Ça ne se peut pas !

MADAME JAMBART

Ça ne se peut pas !

JAMBART

Et c'est qui l'heureux élu ?

VALENTINE

(en même temps que Mme Jambart)
Patrice !

MADAME JAMBART

Barillon !

JAMBART

Hein ?

VALENTINE

(l'une après l'autre)

Patrice !

MADAME JAMBART

Barillon !

JAMBART

Et il est où cet aiglefin ?

MADAME JAMBART

Ici !

VALENTINE

Chez lui !

JAMBART

Bon ben alors, il est où ?

MADAME JAMBART

Ici !

(elle va à la porte de la chambre)

JAMBART

(éclatant de rire)

Bref, il est ici, chez lui…

VALENTINE

Je vais arrêter l'eau du bain !

(elle sort précipitamment)

JAMBART

Patrice Barillon ! Ouvrez, mon garçon !

VOIX DE BARILLON

(apeuré)

C'est occupé !

JAMBART

N'ayez pas peur, vous êtes de la famille, maintenant. Dans mes bras !

(Barillon sort de la chambre et va se coller contre la poitrine de Jambart, la tête basse)

SCÈNE 12

BARILLON, JAMBART, MADAME JAMBART, VALENTINE

BARILLON

(timidement)

Bonjour monsieur…

JAMBART

(le prend dans ses bras)

Bonjour mon fils.

(à part à madame jambart)

Il n'est pas un peu vieux ?

BARILLON

Vous dites ?

JAMBART

Je sais tout !

BARILLON

Comment-ça, vous savez ?

(à madame Jambart)

Vous lui avez dit ?

MADAME JAMBART

Je lui ai dit et je ne lui ai pas dit.

JAMBART

Qu'est-ce que tu ne m'as pas dit ? … Si, tu m'as dit !
… Tu m'as dit pour le mariage !

MADAME JAMBART

Oui.

BARILLON

Et vous n'êtes pas fâché ?

JAMBART

Au contraire, je suis enchanté ! … Je me suis dit : un de plus
dans la maison.

BARILLON

(à part)

Il le prend plutôt bien !

JAMBART

Vous verrez, nous ferons bon ménage.

BARILLON

Évidemment ! Mais, ne vous inquiétez
pas, ce n'est que pour un temps.

JAMBART

Pour un temps ?

BARILLON

Je vous promets qu'on va vite divorcer.

JAMBART

Divorcer ? … Mais vous n'y pensez pas !

BARILLON

(à part)

Comment ! Il veut que je garde sa femme !

JAMBART

Valentine est une femme charmante.

BARILLON

(s'étranglant)

Valentine ?

JAMBART

Eh bien, oui, votre femme !

BARILLON

(à part)

Il ne sait rien ! …

(à madame Jambart)

Vous ne lui avez pas dit ?

MADAME JAMBART

J'ai voulu, mais ç'est pas sorti.

JAMBART

Tu dis ?

MADAME JAMBART

(bas, à Barillon)

Allons, du courage Barillon. Dites-lui !

BARILLON

Mais ce n'est pas à moi de lui dire, bon sang...

MADAME JAMBART

(à Jambart)

Monsieur Barillon a quelque chose à te dire.

BARILLON

Oh ! ça peut attendre.

JAMBART

Je vous écoute.

BARILLON

Euh ! ... Vous avez fait bon voyage ?

MADAME JAMBART

Trouillard !

JAMBART

C'est ce que vous vouliez me demander ?

BARILLON

Oui, précisément.

MADAME JAMBART

Dégonflé !

BARILLON

(bas)
Je prends un chemin détourné.

MADAME JAMBART

Vous prenez la fuite, oui !

JAMBART

Ah, ce voyage… c'est toute une odyssée !

BARILLON

Je veux tout savoir ! Surtout, prenez tout votre temps ! N'omettez aucun détail.

MADAME JAMBART

(bas)
Quand lui direz-vous ?

BARILLON

(bas)
Je ne peux pas lui dire comme ça de but en blanc : "Dites-donc, j'ai épousé votre femme !" Il faut y mettre des formes.

JAMBART

Quoi ?

MADAME JAMBART

Rien !

BARILLON

(à Jambart)
Alors, ce voyage… ?
(Valentine arrive)

VALENTINE

(entrant, éreintée, un drap de bain autour du cou)
Ça y est, le phoque est dans son bain !

MADAME JAMBART

Un phoque ?...

BARILLON

Je suis chez les fous !

JAMBART

Oui, mon compagnon d'infortune. Au fait, va lui chercher des harengs…

VALENTINE

Et pourquoi pas des moules !
(Valentine sort)

JAMBART

Ah ! je me souviendrais toujours de ce grand bruit dans la coque… Et puis, de l'eau ! de l'eau !

BARILLON

En même temps, vous étiez en mer !

JAMBART

Et je coulais, je coulais ! … Et puis, quand j'en ai eu assez de couler, je suis remonté à la surface ; La mer était toujours là !

BARILLON

C'était marée haute.

JAMBART

J'étais désespéré à m'en arracher les cheveux.

BARILLON

Vous aviez pied ?

JAMBART

Mais non, voyons, j'étais en pleine mer.

BARILLON

Puisque vous arrachiez les cheveux, je croyais que vous aviez pied.

JAMBART

Mais non, je m'arrachais les cheveux en faisant la planche. Et Puis tout à coup, j'ai aperçu une île déserte.

MADAME JAMBART

Comment tu as su qu'elle était déserte ?

JAMBART

Parce qu'il n'y avait personne. Il fallait que j'atteigne le rivage. Seulement, mes vêtements étaient mouillés…

BARILLON

Il pleuvait ?

JAMBART

Mais non … puisque j'étais en pleine mer. Mais comme ils m'alourdissaient, je les ai retirés !

MADAME JAMBART

C'est pour ça qu'on les a retrouvés et qu'on t'a cru mort.

JAMBART

Au bout de sept heures de nage indienne, j'accostais enfin…

MADAME JAMBART

Nu, mais sauvé.

JAMBART

Deux ans sur cette île, livré à moi-même, ne
vivant que de ma pêche, la plupart du temps crevant de faim !

MADAME JAMBART

Ah ! mon Dieu ! c'est horrible !

BARILLON

Deux ans sans manger ! Vous avez peut-être envie de grignoter
quelque chose ?

JAMBART

Non je sors de table... Le pire, c'est l'isolement. Ah ! Si seulement
tu avais été là, Frénégonde ! À nous deux on aurait repeuplé l'île.
Heureusement, il y avait ce phoque.

BARILLON

Je comprends.

JAMBART

(à madame Jambart)
As-tu déjà senti une haleine de phoque ?

MADAME JAMBART

Mon pauvre Émile.

JAMBART

(il la prend dans ses bras)
Tu m'as tellement manqué...

BARILLON

Et dire que je suis son mari !

JAMBART

Je ne t'ai pas revue depuis notre nuit de noces. Je voulais te

demander... Nous avons un enfant ?

MADAME JAMBART

Non !

JAMBART

Alors c'est à refaire !

BARILLON

Comment ça, à refaire ?

MADAME JAMBART

(bas, à Barillon pendant que Jambart retire son pantalon)
Ça devient gênant. Mettez-le au courant tout de suite.

BARILLON

(à part)

Si vous croyez que c'est facile ! Enfin, puisqu'il le faut !
Monsieur Jambart ?

JAMBART

Mon gendre ?

BARILLON

Après deux ans, loin, très loin de votre femme... On pourrait
imaginer que...

JAMBART

Quoi ?

BARILLON.

Eh ! Bien, puisqu'elle se croyait veuve...Il se pourrait qu'elle se soit
remariée… Si c'était le cas… Je dis bien, si c'était le cas : quelle tête
feriez-vous ?

JAMBART

Aucune !

BARILLON

A la bonne heure !

JAMBART

Mais le premier des deux que je rencontrerai, je le tuerai !

BARILLON

(à Mme Jambart)

Passez devant !

JAMBART

Quant à l'autre je l'écorcherai vif !

MADAME JAMBART

(reculant)

Ah ! mon Dieu !

(on frappe à la porte)

SCÈNE 13

BARILLON, PLANTUREL, JAMBART, MADAME JAMBART

MADAME JAMBART

(vers la porte)

Qui est-ce ?

VOIX PLANTUREL

Votre maire !

JAMBART

(s'empressant de remettre son pantalon)

Elle est pas morte ta mère ?

MADAME JAMBART

Mais si !

BARILLON

Je ne suis pas là.

MADAME JAMBART

Moi non plus !

(ils retournent tous les deux vers les portes des chambres)

JAMBART

Vous allez où, là ?

(ils s'arrêtent sur le pas de leur porte, Jambart ouvre la porte palière)

PLANTUREL

(entre sans le calculer)

Le scandale que je voulais éviter a éclaté.

JAMBART

Quel scandale ?

BARILLON

(à Planturel)

Mais taisez-vous !

PLANTUREL

À propos du mariage.

MADAME JAMBART

Il ne se taira pas !

PLANTUREL

Je crois que le mieux est de vous pourvoir en cassation.

BARILLON

Oui, oui, C'est entendu ! … N'en parlons plus.

JAMBART

Comment, n'en parlons plus ! Annuler le mariage de Valentine ?

PLANTUREL

(indiquant madame Jambart)

Non, le mariage de madame ! …

JAMBART

Hein ?

PLANTUREL

Que j'ai marié ce matin avec Monsieur Barillon.

JAMBART

Avec vous ? !

MADAME JAMBART ET BARILLON

Ah !

PLANTUREL

Et vous, vous-êtes qui ?

JAMBART

Je suis feu le mari de madame !

PLANTUREL

Feu ?

JAMBART

Le noyé.

PLANTUREL

Je ne comprends rien !

JAMBART

(menaçant)

Alors comme ça, vous avez marié ma femme avec Barillon ? …

PLANTUREL

Je n'y suis pour rien !

JAMBART

Et vous, vous avez épousé ma femme …

BARILLON

C'est pas ma faute.

JAMBART

Et toi, tu as épousé Barillon ?

MADAME JAMBART

Non, c'est l'employé de mairie.

JAMBART

Mais tu en as épousé combien comme ça ? Je vais tous vous tuer !

TOUS

(effrayés)

Ah !

(ils courent tous et s'enfuient par la porte palière, sous la menace de la ceinture brandie par Jambart)

NOIR

Acte 3

Le même intérieur bourgeois, il s'est passé deux mois. Seul le mannequin avec la robe de mariée a disparu.

SCÈNE 1

PATRICE, VALENTINE

VALENTINE

Oh patrice, laissez-moi, je suis un boulet !

PATRICE

Oh oui, Valentine, je vous trainerais à mon pied jusqu'à la fin de ma vie !

VALENTINE

On est la risée de tout Paris… Vous avez entendu la chanson qu'on a faite sur maman ?

PATRICE

Oui, celle où on la traite de dépravée ! Ce n'est pas convenable

(à part)

Mais c'est tellement excitant...

(il saute sur Valentine)

Valentine, tu me chauffes !

VALENTINE

Arrêtez, ils vont bientôt rentrer du théâtre…

PATRICE

Mais non !

VALENTINE

Mais si, à cette heure-là, la représentation est terminée.

PATRICE

Je n'en peux plus…

VALENTINE

Si Jambart nous trouve, vous êtes mort !

PATRICE

Il y a deux mois, il devait tuer tout le monde et il n'a rien fait ! Au contraire il partage votre mère avec Barillon.

VALENTINE

Jusqu'à ce que le mariage soit annulé.

PATRICE

En attendant, ces trois-là font la paire !

(on frappe à la porte.)

VALENTINE

(affolée ouvre la porte de la chambre y pousse Patrice)

Oh non... Les voilà. Vite, cachez-vous.

(et elle va ouvrir la porte palière)

SCÈNE 2

VALENTINE, TOPEAU, PATRICE

TOPEAU

(entre, une sacoche en cuir à la main en chantant, complètement saoul)

Il lui faut tous les z'hommes mesdames, faites attention elle est
bighomme…
Et son phoque, aussi !
Elle aime les grands les brutes les doux, les bruns les blonds et même
les roux...
Et son phoque aussi !
Quand elle va au restaurant, elle prend des moules et du hareng…
Et son phoque aussi !
Quand elle rentre chez ses amants, elle les embrasse en les suçant
Et son phoque…. Aussi !

VALENTINE

Monsieur Topeau ! Si c'est pour vous moquer, vous pouvez
repartir tout de suite avec votre télégramme !

TOPEAU

Ah non, j'ai été renvoyé des P et T … Inju... inju… inju !

VALENTINE

Un jus de citron ?

TOPEAU

… Stement !

VALENTINE

Comment ?

TOPEAU

Injustement !

VALENTINE

Vous n'assuriez pas les tournées ?

TOPEAU

Ah si, au bi, au bistrot !

VALENTINE

Et vous faites quoi maintenant ?

TOPEAU

A...! A... a...

VALENTINE

Acrobate ?

TOPEAU

Non, a a Assi assi... !

VALENTINE

Acrobate assis ?...

TOPEAU

Non...Tant tant ... tant !

VALENTINE

Justement, on n'a pas beaucoup de temps !

TOPEAU

A ass assistant gr gr gr gr ... gré gré !

VALENTINE

Grutier, assistant grutier !

TOPEAU

Non !!! Gr gré gré greffier !

VALENTINE

(qui le retient de tomber)
Ah, j'y étais presque !

TOPEAU

(saoul)
Ah là là... ça tourne...qu'est-ce que ça tourne ! Vous n'auriez pas un petit quelque chose à boire ?

VALENTINE

(ouvrant l'autre porte de chambre)
Non, allez-vous allonger dans cette chambre... ça vaut mieux.

(Valentine le tire par le bras et le propulse dans la chambre)

TOPEAU

Si ! Il y a une bouteille là !aaaaaaah !

(elle referme la porte sur lui)

PATRICE

(sort la tête de l'autre chambre dans laquelle il était caché)
Et toi, viens t'allonger avec moi...

VALENTINE

Il faut que vous partiez. Maman et ses maris ne vont plus tarder !

PATRICE

(bombant le torse)
Qu'ils viennent, je n'ai pas peur...

(à ce moment, on entend les voix de jambart, madame Jambart et Barillon vers la porte palière. Patrice se précipite aussitôt dans la chambre où est Topeau qui se retrouve propulsé sur scène à moitié déshabillé... Valentine l'attrape et le renvoie dans la chambre où était précédemment Patrice.)

BARILLON OFF

Moi d'abord !

JAMBART OFF

Non, c'est : « les femmes et les enfants d'abord ! »

BARILLON

(entrant en premier par la porte palière)
Mais il n'y en a pas !

MADAME JAMBART

(entrant à sa suite)
Et moi alors ?

(Jambart entre à son tour. Leurs Vêtements et leurs cheveux sont en désordre)

BARILLON

Mais vous n'êtes plus une enfant !

SCÈNE 3

BARILLON, MADAME JAMBART, JAMBART, VALENTINE

BARILLON

(à Jambart, il se laisse tomber sur un fauteuil)
Fermez la porte !

MADAME JAMBART

(elle se laisse tomber sur un fauteuil)
Barricadez tout !

JAMBART

Ah ! c'est intolérable !

VALENTINE

(à Jambart, lui tendant sa joue.)
Bonsoir, papa !

(Jambart l'embrasse sans rien dire. Elle va à Barillon et lui tend la joue que Jambart a embrassée.)
Bonsoir, papa !

BARILLON

(va pour l'embrasser, et se ravise)
Non ! Ça, c'est la joue à Jambart !

(il embrasse Valentine sur l'autre joue.)

VALENTINE

Vous avez passé une bonne soirée ?

MADAME JAMBART

J'ai vu le moment où la foule allait nous lapider !

VALENTINE

Quoi ?

BARILLON

Ils nous ont lancé des pommes, des poires....

JAMBART ET BARILLON

(chantant dépités)

Et des scoubidou bidou woua !

MADAME JAMBART

Mais que fait la police ?!

BARILLON

C'est un gendarme qui m'a jeté la première poire !

JAMBART

Si vous n'aviez pas accepté cette invitation au théâtre on n'en serait pas là !

BARILLON

Ah ! voilà, maintenant c'est moi qui l'ai accepté, alors que c'est vous qui avez dit : "Allons-y !". J'ai cru que ça vous ferait plaisir !

JAMBART

J'ai dit : "Allons-y !" parce que vous avez dit "ah, la bonne idée".

BARILLON.

Il est joli le résultat. Quelle soirée !

(madame Jambart se lève, Jambart en profite pour s'assoir à sa place)

MADAME JAMBART

Mettre sur les affiches : "La Bigame de Paris sera dans la salle." Tout ça pour faire sa réclame...

VALENTINE

Quelle honte !

MADAME JAMBART

J'espère bien, monsieur Barillon, que vous irez tirer les oreilles à ce directeur de malheur.

BARILLON

Jambart vous irez, vous.

JAMBART

Pourquoi moi ? Nous irons tous les deux. Chacun une oreille.

MADAME JAMBART

Et cette chanson qu'on a faite sur moi et ce phoque !
Si j'avais su ça... !

(elle retourne à sa place en délogeant Jambart du fauteuil, Jambart déloge à son tour Barillon et s'assied à sa place sur l'autre fauteuil)

BARILLON

L'auteur aurait mérité un procès...

MADAME JAMBART

Encore aurait-il fallu que je le susse !

BARILLON

Je ne suis pas sûr que ça eut suffi ...

JAMBART

Ces auteurs vendraient leurs mères pour faire un bon mot.

VALENTINE

Pauvre petite maman, je vais vous apporter une tisane.

MADAME JAMBART

Avec des petits gâteaux ...

BARILLON

J'en veux bien aussi !

MADAME JAMBART

Les émotions ça creuse.

BARILLON

(à Jambart)
Et vous, Jambart un pisse mémé ?

JAMBART

Oui merci, c'est gentil.

MADAME JAMBART

(elle désigne le bar roulant)
Apportez la table jusqu'ici, je n'ai plus de force !

BARILLON

(à Jambart, toujours assis)
La table !

JAMBART

Allez donc la chercher vous-même !

BARILLON

Pourquoi moi plutôt que vous ?

JAMBART

Parce que vous êtes le deuxième mari !

BARILLON

Évidemment, c'est moi qui cède !

(il va chercher la table roulante)

MADAME JAMBART

Toujours à se crêper le chignon !

VALENTINE

(entre avec un plateau avec dessus une assiette de petits gâteaux secs, une tisanière et des tasses)

La tisane est servie.

(elle regarde avec inquiétude la porte où est Patrice.)

MADAME JAMBART

Merci ma petite chérie...

JAMBART

(à Valentine)

Et toi, tu as passé une bonne soirée ?

VALENTINE

(minaudant et regardant furtivement la porte de la chambre)

Avec le phoque ...

JAMBART

Il va bien ?

VALENTINE

Il a fait sa petite promenade et je lui ai chanté sa berceuse.

JAMBART

A la bonne heure, tu es une bonne sœur !

BARILLON

Quand vous aurez fini de vous moucher avec les gâteaux, vous me ferez signe ! ...

JAMBART

Chacun son tour.

MADAME JAMBART

Vous me rendez folle tous les deux !

(elle se lève)

Valentine, viens, j'en peux plus de leurs discussions de bouts de chiffons !

(elles sortent)

JAMBART

Mais, Frénégonde, je choisis mon gâteau. J'ai le droit quand même !

BARILLON

(repoussant avec colère l'assiette.)

Oui mais vous les avez tous touchés, vous avez gagné, je n'en veux plus...

JAMBART

Ça en fera plus pour les autres !

BARILLON

Ah, mais ce n'est même pas sucré !

JAMBART

Tenez, mon ami.

(il lui met un sucre dans sa tasse)

BARILLON

J'en veux quatre !

(Barillon tire la table à lui, il compte les 4 sucres et les met dans sa tasse)

JAMBART

Ça fait cinq… Bah, et moi alors ?

BARILLON

(il casse en deux un morceau et lui met dans sa tasse)

Alors un demi … Ce n'est pas bon pour votre ligne !

JAMBART

Vous commencez à m'agacer… Et en plus, je n'ai pas de cuillère.

BARILLON

Mettez- y le doigt !

JAMBART

Et puis quoi encore ?!

BARILLON

(lèche sa cuillère et lui tend)

Heureusement que vous m'avez !

(Jambart prend la cuillère avec dégout et la laisse en l'air)

Qu'est-ce que vous attendez ? Que je vous la touille ?

JAMBART

Et mon nuage de lait ?!

BARILLON

On ne met pas de lait dans la tisane voyons.

JAMBART

Et pourquoi ça ?

BARILLON

Ça fait ronfler !

JAMBART

Oh, il n'y a pas que le lait…

SCÈNE 4

JAMBART, BARILLON

(entre temps Barillon a allumé une cigarette, Jambart est gêné par la fumée. Barillon, fait exprès de lui envoyer la fumée dans le nez.)

JAMBART

(toussant)

Tfff tfff !…

BARILLON

Vous êtes enrhumé ?

JAMBART

(tirant une pipe de sa poche et la mettant à la bouche.)

Non, c'est l'odeur de votre tabac d'Orient qui me porte sur le cœur

BARILLON

Alors, pourquoi allumez-vous une pipe ?

JAMBART

Pour faire passer l'odeur de la cigarette.

BARILLON

Je croyais que la fumée vous dérangeait ?

JAMBART

Pas celle de ma pipe ! je ne connais rien de mieux !

(il ouvre la fenêtre)

BARILLON

(sentant le froid)

Eh oh ! Le fond de l'air est frais !

JAMBART

Nous, les marins, on respire l'air de la mer à grands renforts de poumons !

BARILLON

(se lève, il va fermer la fenêtre)

Oui mais à Paris, ça sent la marée de trois jours !

JAMBART

Vous allez nous faire crever dans le renfermé, Barillon… je vais me coucher ! Évidemment, c'est moi qui cède !

(se dirige vers la porte de la chambre où est Topeau)

BARILLON

C'est ça ! Allez dormir ! Ça vous rendra aimable !

JAMBART

Quand j'ai mangé, il faut que je dorme !

(rentre dans sa chambre)

BARILLON

Et quand il a dormi, il faut qu'il mange ! Ahhh !
Il a empesté l'appartement avec sa pipe !

(il arpente la pièce en faisant des grands gestes avec les bras pour disperser la fumée tout en soufflant.)

SCÈNE 5

MADAME JAMBART, BARILLON, VALENTINE, JAMBART, TOPEAU

MADAME JAMBART

Qu'est-ce que vous faites ?

BARILLON

Je ventile… C'est Jambart avec sa pipe !

MADAME JAMBART

(rêveuse)
Ah... La pipe à Jambart !

VOIX DE JAMBART

(de sa chambre)
Mille milliards de mille sabords !

MADAME JAMBART

Qu'est-ce qu'il y a ?

JAMBART

(se précipitant en scène)
Un homme ! … Il y a un homme dans mon lit !

BARILLON

Ben quoi, ce n'est pas la première fois !

JAMBART

Oui mais celui-là, je ne le connais pas !

(Valentine entre en courant paniquée à l'idée qu'on ait découvert Patrice)

MADAME JAMBART

Qui est-ce ?

BARILLON

(outré)
Valentine !!!

VALENTINE

C'est Topeau.

MADAME JAMBART

Qu'est-ce qu'il fait dans la chambre à Jambart ?

VALENTINE

Il cuve !

TOPEAU

(sortant en caleçon long et en bonnet de nuit. En rogne après Jambart)

Non mais ça ne va pas de réveiller les honnêtes gens en se couchant dessus ? Qui êtes-vous d'abord ?

JAMBART

Le mari de ma femme.

TOPEAU

Valentine ?

BARILLON

Non l'autre !

TOPEAU

Lequel ?

MADAME JAMBART

C'est mon défunt mari, Jambart.

TOPEAU

Il lui faut tous… Même les morts !...

(il retourne dans la chambre)

SCÈNE 6

BARILLON, JAMBART, VALENTINE, MADAME JAMBART, PATRICE, TOPEAU

BARILLON

(railleur, à Jambart. En allant vers sa chambre.)

Il y a un homme dans votre chambre et vous criez comme une vierge. Il y en aurait dix dans la mienne que je ne bougerais pas !

JAMBART

J'aimerais vous y voir !

BARILLON

(sortant précipitamment)

Au secours !

MADAME JAMBART

Quoi... encore ?

VALENTINE

(à part)

Je suis perdue !

BARILLON

Il y a un homme dans ma chambre !

JAMBART

Je croyais que si vous en trouviez dix, vous n'auriez pas peur !

BARILLON

Dix, certainement pas ! Mais un, et dans le noir en plus ! Venez avec moi.

JAMBART

Si ça peut vous rassurer.

BARILLON

Oui, passez devant...

JAMBART

Sortez, monsieur, si vous êtes un homme !

(Patrice sort)

MADAME JAMBART

Patrice ?

VALENTINE

(faisant mine d'être étonnée)

Patrice ?

BARILLON

Vous !

TOPEAU

(sortant de la chambre habillé, prêt à s'en aller mais sans sa sacoche)

On ne peut pas dormir dans cette taule, ça gueule, ça gueule !

JAMBART

Qu'est-ce que c'est que celui-là ?

PATRICE

Monsieur, j'ai l'honneur de vous demander la main de votre belle-fille, Mademoiselle Valentine.

BARILLON.

Jamais de la vie, monsieur, vous entendez, Jamais !

TOPEAU

(à Barillon)

Ah ! C'est celui qui voulait vous faire cocu …

PATRICE

Ce n'est plus d'actualité… Valentine n'est pas sa femme, il est marié avec sa mère !

TOPEAU

(qui s'emmêle les pinceaux)

Il est le mari de sa bru… Non… L'ex-gendre de sa femme…

Non, l'époux de sa belle-mère !

BARILLON

Ma belle-mère ? Elle est morte !

TOPEAU

Condoléances...

MADAME JAMBART,

(à Topeau. D'un air grave)

Oui, j'ai perdu ma mère.

TOPEAU

(rassurant)

On va la retrouver madame ! C'est compliqué quand même…

(Topeau sort par la porte palière)

JAMBART

Qui êtes-vous, jeune homme ?

PATRICE

Patrice Surcouf !

JAMBART

Surcouf, Surcouf… Est-ce que vous descendez du grand marin ?

PATRICE

Tout droit !

BARILLON

Oh ! en zigzag !

JAMBART

Valentine est à vous. Je vous la donne.

PATRICE

(se jette à ses pieds)

Merci, monsieur.

VALENTINE

Merci papa !

BARILLON

Ah, pardon, je suis le beau-père, je refuse.

PATRICE

Mais…

JAMBART

Moi aussi, je suis le beau-père ! Et depuis plus longtemps
que vous !

MADAME JAMBART

Ah, ça c'est vrai !

BARILLON

(il met à la porte Patrice)
Tant que je serai le beau-père de Valentine, elle n'en épousera pas
un autre que moi ! sortez !

> *(au moment où Patrice va pour sortir, on tambourine à la porte, il ouvre,*
> *Planturel entre)*

SCÈNE 7

MADAME JAMBART, BARILLON, PLANTUREL, JAMBART,
VALENTINE

MADAME JAMBART

Ma parole, c'est un moulin !

VALENTINE

(déçue)
Monsieur le maire !

> *(Patrice sort, Valentine va refermer la porte en lui faisant un signe)*

PLANTUREL

(un télégramme à la main)
Je suis porteur d'une bonne nouvelle. Le mariage est
annulé ! Voici le télégramme qui l'annonce.

> *(ils se précipitent tous les trois pour le lire et se débarrassent chacun leur*
> *tour du maire qui se retrouve poussé côté cour.)*

JAMBART

(lisant le télégramme.)
Voyons ! … "Mariage Annulé ... Courrier du greffe suit "

BARILLON

(à part)
Ouf ! délivré !

(à madame jambart)
Quittons-nous bons amis.

(à Jambart)
Vous permettez que je l'embrasse ?

JAMBART

Je vous en prie mon ami, faites, faites...

(Barillon embrasse madame Jambart. A Barillon)
Vous permettez que je vous embrasse ?

BARILLON

Je vous en prie mon ami, faites, faites.

(Jambart embrasse l'autre joue)

PLANTUREL

C'est la valse des cocus !

BARILLON

(en donnant un coup amical à Jambart)

Alors, C'est qui qui va être content, ce soir ?

JAMBART

(à Madame Jambart)

Eh ! eh ! je crois bien que c'est nous ! …

BARILLON

Planturel, venez, nous allons leur faire une haie d'honneur jusqu'à la chambre nuptiale.

PLANTUREL

(guilleret)

Quelle bonne idée !!!

(Planturel rejoint Barillon sur le pas de la porte de la chambre, qui lui prend les mains et lui lève les bras de force pour former une haie d'honneur)

PLANTUREL

(souffrant les bras en l'air)

Quelle bonne idée…

VALENTINE

Je suis si heureuse pour vous maman.

MADAME JAMBART

Tu en auras aussi du bonheur ma fille.

VALENTINE

Tout dépend avec qui !

(madame Jambart entre dans la chambre sous les bras levés de Planturel et Barillon, chacun d'un côté de la porte)

PLANTUREL ET BARILLON

(Joyeux)

Vive la mariée !

(A son tour Jambart se présente devant la chambre mais il est trop grand pour passer sous la haie d'honneur. Barillon et Planturel s'étirent et se mettent sur la pointe des pieds pour qu'il puisse passer, Jambart toujours trop grand joue des coudes…)

PLANTUREL ET BARILLON

(malmenés)

Vive le marié !

BARILLON

(mal en point)

Rendez-là heureuse, Jambart !

JAMBART

(Sur le seuil de la porte)

Comptez sur moi… Je vais hissez la grand-voile !!!

VOIX DE MADAME JAMBART

En avant toute, mon capitaine !

(coup d'œil entendu de Jambart qui sort définitivement rejoindre madame en fermant la porte derrière lui)

SCÈNE 8

VALENTINE, TOPEAU, BARILLON, JAMBART, MADAME JAMBART, PLANTUREL

(on tambourine à la porte, Valentine va ouvrir)

VALENTINE

(déçue)

Monsieur Topeau !

TOPEAU

Excusez-moi, je devais remettre à madame Jambart un papier important... j'ai oublié ma sacoche dans mon lit.

PLANTUREL

Ton lit ?

TOPEAU

C'est valentine qui me l'a proposé !

PLANTUREL

Quelle famille !

(à Topeau.)

Et alors toi, tu n'es plus facteur ? D'où sors-tu, malheureux ?

TOPEAU

Du Palais de Justice.

PLANTUREL

De la cellule de dégrisement ?

TOPEAU

Non, Du greffe.

VOIX JAMBART OFF

À bâbord Toute !

VOIX MADAME JAMBART

Ahhh, Je vais dessaler !

(Topeau ne comprend pas…)

TOPEAU

Il y a un dégât des eaux ?!

BARILLON

(venant à son secours)

Oui, ils sont en croisière pour leur lune de miel…

PLANTUREL

Du greffe, tu dis ?

TOPEAU

Je suis le nouvel assistant du Greffier. L'annulation du mariage est dans ma sacoche.

PLANTUREL

Et c'est toi qui l'as rédigée ?

TOPEAU

Bien sûr.

PLANTUREL

Nous sommes perdus !

VOIX MADAME JAMBART

Aaaahhhhhh ! Ça tangue !

VOIX JAMBART

Attention j'empanne !

BARILLON

(se précipite sur la porte)

Ouvrez !

VOIX JAMBART

Pas maintenant !

MADAME JAMBART

Il y a du gros temps !

TOPEAU

Alors, passez-nous la sacoche par l'écoutille.

VOIX JAMBART

Attendez, je tire un bord…

VOIX MADAME JAMBART

Ahhhhhhh !

PLANTUREL

Ils ont un grain.

(la porte s'entrouvre et la main de jambart tend la sacoche, Barillon l'attrape, la porte se referme aussitôt. Il l'ouvre et va s'assoir pour lire l'arrêt)

TOPEAU

Ouf, sauvé du naufrage…

PLANTUREL

Pour combien de temps ? !

(à Barillon)

Alors ?

BARILLON

(lisant)

"Le Tribunal par ces motifs, déclare nul et non avenu, le mariage contracté entre Frénégonde, femme Barillon, et…" ah !

PLANTUREL

Quoi ?

BARILLON

(voix étranglée)

Ben, Lisez !

PLANTUREL

(lisant)

"Entre Frénégonde Barillon et monsieur Émile Jambart." Ah ! C'est le mariage Jambart qui a été annulé !

(Il foudroie du regard Topeau)

TOPEAU

(faussement catastrophé, imitant Barillon et Planturel)

Ah !

BARILLON

Alors, c'est moi qui suis le mari ! Mon Dieu ! Et dire que c'est moi qui les ai incités à consommer…

(il fonce frapper à la porte de la chambre)

Ouvrez ! Ouvrez tout de suite… Ne commettez pas l'irréparable !

VOIX DE JAMBART

Ahhh Frénégonde... Frénégonde !

VOIX MADAME JAMBART

Emiiiiiiiile !

PLANTUREL

(rejoignant barillon à la porte)

Au nom de la loi, ouvrez !

BARILLON

C'est une malédiction

PLANTUREL

Je vais arranger ça tout de suite...

(il sort précipitamment par la porte palière)

BARILLON

Mais ce n'est pas par-là !

(il retourne tambouriner à la porte de la chambre)

Arrêtez, c'est ma femme !

VOIX JAMBART

Plus tard ! Plus tard !

BARILLON

Non, tout de suite ! Tout de suite !

VOIX DE JAMBART

Laissez-moi accoster !

VOIX MADAME JAMBART

Parez à l'abordage !

SCÈNE 9

BARILLON, JAMBART, MADAME JAMBART, VALENTINE, TOPEAU

BARILLON

À trois, j'enfonce !

JAMBART

(il sort de la chambre brusquement en chemise et caleçon, les cheveux hirsutes)

Ah ça va... ! vous n'avez pas fini de beugler, on peut plus se concentrer !

BARILLON

Tu as couché avec ma femme, misérable !

MADAME JAMBART

(sortant décoiffée)

Ah quelle tempête !

JAMBART

Oui, tu as vu comment j'ai gardé le cap ?

BARILLON

(tendant l'acte à Jambart)

C'est votre mariage qui a été annulé !

JAMBART ET MADAME JAMBART.

Hein ?

BARILLON

Ce n'est plus vous, le mari ! C'est moi !

VALENTINE

Félicitations beau papa... Je suis si heureuse pour moi !

(elle sort dans sa chambre)

BARILLON

(montrant Topeau)

C'est cet imbécile qui s'est encore trompé de nom. Je vais te faire avaler ton acte de naissance !

TOPEAU

Mais c'est pas ma faute si Jambart et Barillon ça s'écrit presque pareil…

JAMBART

(s'interposant)

Enfin, calmez-vous mon vieux, tout le monde peut se tromper !

BARILLON

(sur un ton grave)

Ah mais non ! On ne peut pas tromper à tout va ! Jambart…

Entre ex-mari, on peut tout se dire ! Avez-vous ?

JAMBART

Quoi ?

BARILLON

Et bien avez-vous !

JAMBART

Si je l'ai… ?

BARILLON

Oui !

JAMBART

(grave)

Oui ! …

(il va ouvrir la porte palière pour sortir)

… Dans ces circonstances, je n'ai pas le droit de demeurer une nuit de plus dans votre foyer.

TOPEAU

Bon ben … Je vais vous laisser entre maris...

(il s'enfuit par la porte ouverte)

MADAME JAMBART

(à Jambart)

Vous nous quittez ?

JAMBART

Adieu.

MADAME JAMBART

(se précipitant dans les bras de Jambart, lyrique)

Émile !

BARILLON

(d'une voix déchirée, il se jette dans ses bras)

Jambart !

MADAME JAMBART

(appelant)

Valentine ! Viens dire au revoir au capitaine !

BARILLON

(il s'éponge les yeux)

C'est bête, hein… Mais on s'était habitué…

JAMBART

Qui sucrera ma tisane ?

BARILLON

Qui surveillera votre ligne ?

VALENTINE

(entrant par le pan coupé)

Mon petit papa…

SCÈNE 10

VALENTINE, JAMBART, PATRICE, BARILLON, PLANTUREL,
MADAME JAMBART, LE PHOQUE

PATRICE

(entre, suivi de Planturel, il croise Jambart sur le pas de la porte)

Je veux épouser Valentine.

JAMBART

Je ne suis plus son beau-père ! Courage mon garçon.

PLANTUREL

Justement, si !

BARILLON

Ah non, le beau-père, c'est moi !

PLANTUREL

(brandissant une enveloppe)

Ce n'est pas le mariage Jambart qui a été annulé, c'est
bien le mariage Barillon.

VALENTINE

Ça recommence !

BARILLON

Vous bluffez !

PLANTUREL

Je reviens du tribunal, j'ai fait modifier l'acte.

JAMBART

(embrassant madame Jambart.)

Frénégonde ! ...

MADAME JAMBART

Oh Émile !

PATRICE

(à jambart, allant vers Valentine)

Beau papa, m'accordez-vous sa main ?...

(il enlace Valentine)

JAMBART

Oui !

BARILLON

Non !

JAMBART

Mais si Surcouf ! Elle est à vous.

VALENTINE

(tombe dans les bras de Patrice)

Oh Patrice.

BARILLON

(récupère Valentine)

Ah non ! Je reprends la main !

PLANTUREL

Vous avez été son beau-père vous ne pouvez plus l'épouser.

MADAME JAMBART

C'est évident !

VALENTINE

Oh Patrice, mon amour !

BARILLON

Et dire qu'elle aurait dû être ma femme !

PLANTUREL

Oh, attendez quinze jours !

MADAME JAMBART

Et tac des cornes !

JAMBART

Barillon, réjouissez-vous…

(il siffle en direction de la porte palière avec son sifflet de marin qu'il porte autour du cou)

Je vous laisse mon phoque !

LE PHOQUE

(le phoque entre et courre se blottir dans les bras de Barillon)

Papa, maman !

Noir

CHANSON DU FINAL

BARILLON

(Seul en scène)

Si j'étais jeune et plus beau

Y aurait pas d'mystère

Valentine aurait plutôt

Assommé sa mère

Mais là oui là je l'ai eu dans le baba !

VALENTINE, MADAME JAMBART
ET BARILLON

Ah l'amour c'est pas facile

Surtout quand on s'trompe de fille

Et quand on se tape sa belle mère

Ça donne envie de tout foutre en l'air

J'vous dis qu'l'amour c'est un enfer !

BARILLON

J'aurai dû m'méfier plus tôt

Elle était trop belle

Mais c'est la faute de Topeau

si ce n'est pas elle

mais l'autre, oui l'autre à qui on m'a marié !

TOPEAU, PATRICE, VALENTINE,
MADAME JAMBART ET BARILLON

Ah l'amour c'est pas facile

Surtout quand on s'trompe de fille

Et quand on se tape sa belle mère

Ça donne envie de tout foutre en l'air

J'vous dis qu'l'amour c'est un enfer !

BARILLON

Même le maire voulait ma peau

Je n'étais pas fière

Et quand Jambart m'a dit tout haut

Pas touche c'est mes affaires

C'est là, oui là, qu'on a fait couple à trois !

**PLANTUREL, JAMBART, TOPEAU,
PATRICE, VALENTINE,
MADAME JAMBART ET BARILLON**

Ah l'amour c'est pas facile

Surtout quand on s'trompe de fille

Et quand on se tape sa belle mère

Ça donne envie de tout foutre en l'air

J'vous dis qu'l'amour c'est un enfer !

-BIS TOUS-

RIDEAU

FIN